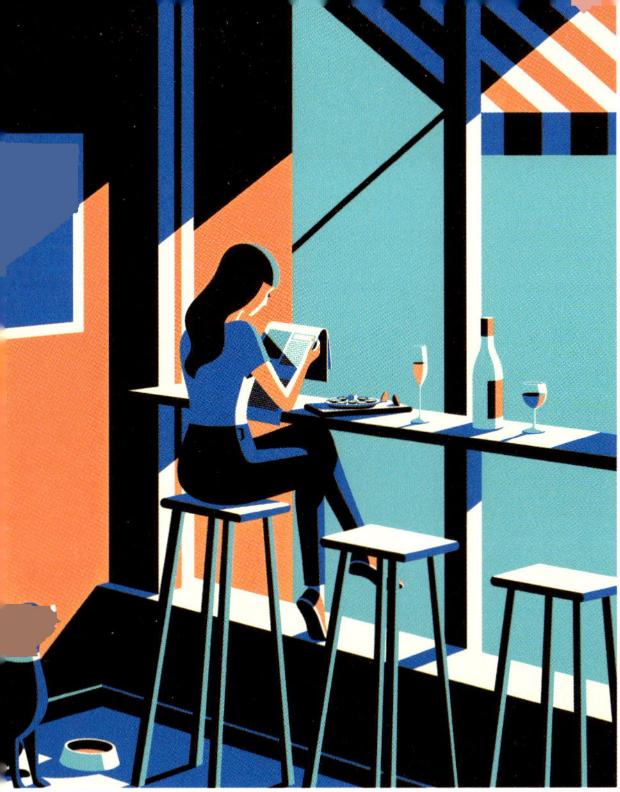

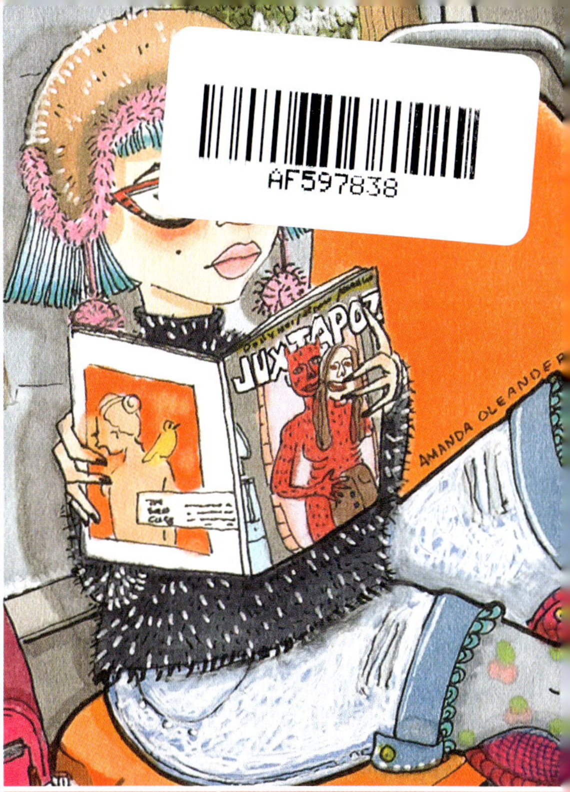

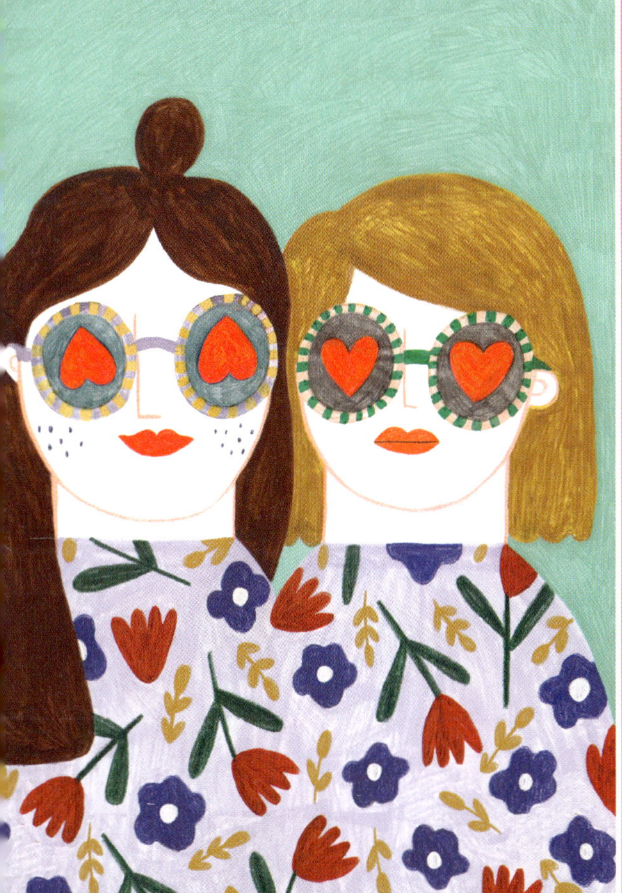

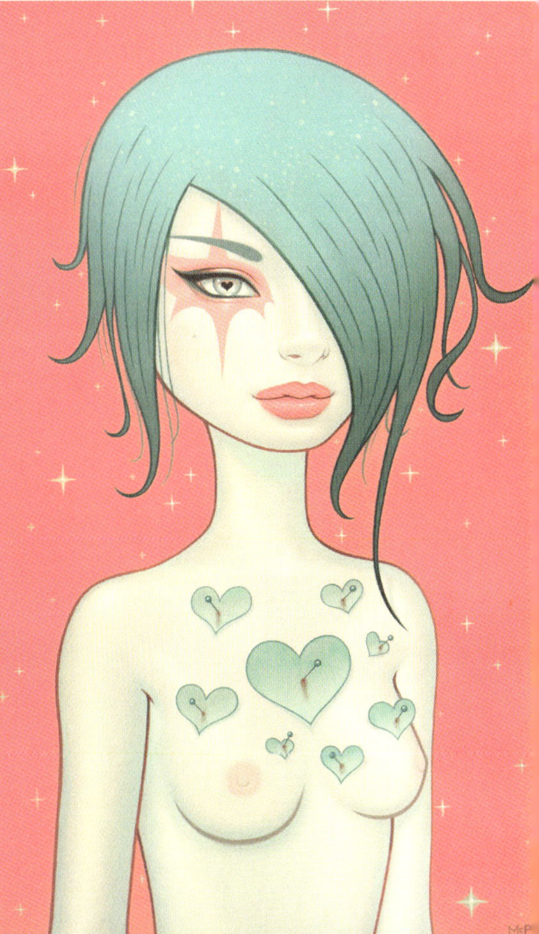

Women's Club
Art is Powerful

First edition in 2018 by Monsa Publications,
an imprint of Monsa Publications Gravina 43
(08930) Sant Adrià de Besós. Barcelona (Spain)
T +34 93 381 00 50
www.monsa.com monsa@monsa.com

Art director & layout Eva Minguet
(Monsa Publications)
Translation by SOMOS Traductores
Cover image Samya Arif
Back cover image Amaia Arrazola
ISBN: 978-84-16500-88-8
D.L. B 12563-2018

Order from:
www.monsashop.com

Follow us!
Instagram: @monsapublications
Facebook: @monsashop

BY EVA MINGUET

WOMEN'S CLUB

ART IS POWERFUL

monsa

INTRO

For some time now, women have been fighting for their rightful place in different disciplines, making their voices heard and posting messages on social media.
We perceive the word "feminist" as having a negative meaning, it is not taken seriously, and just hearing the term creates an invisible barrier for many, making it difficult to understand the discourse in a clear way.

After observing that most of the works printed in magazines, newspapers, or book covers were men's work, we wanted to give publicity to all the women who, through their social networks, display outstanding illustrations and messages, worthy of being published in any magazine, newspaper or book cover. It is more than evident that women are gaining a lot of ground and more and more are publishing their work.
The illustrations shown in this book will fascinate you with their content. Works in which, above all, women are the central characters of their illustrations, combining manual and digital techniques to create their own universe full of girls, in everyday situations, because women are women 365 days a year.

Desde hace tiempo las mujeres han empezado a pelear por su sitio en diferentes disciplinas, alzando la voz y mostrando mensajes reivindicativos en redes sociales. Vemos que la palabra "feminista" tiene un sentido negativo, no se le da veracidad y solo al escuchar ese término se crea una barrera invisible para muchos, que impide captar el discurso de una manera clara.

Después de observar que la mayoría de los trabajos impresos en revistas, periódicos, o portadas para libros eran trabajos realizados por hombres, hemos querido mostrar a todas esas mujeres que desde sus redes sociales exponen ilustraciones y mensajes increíbles, dignos de ser publicados en cualquier revista, periódico o portada de libro. Es más que palpable que las mujeres están ganando mucho terreno y cada vez son más las que publican sus trabajos.
Las ilustraciones que se muestran en este libro te engancharán por su contenido. Trabajos en los que sobre todo, las mujeres son las protagonistas de sus ilustraciones, combinando técnicas manuales y digitales para crear un universo propio y repleto de chicas, en situaciones cotidianas, porque la mujer, es mujer los 365 días del año.

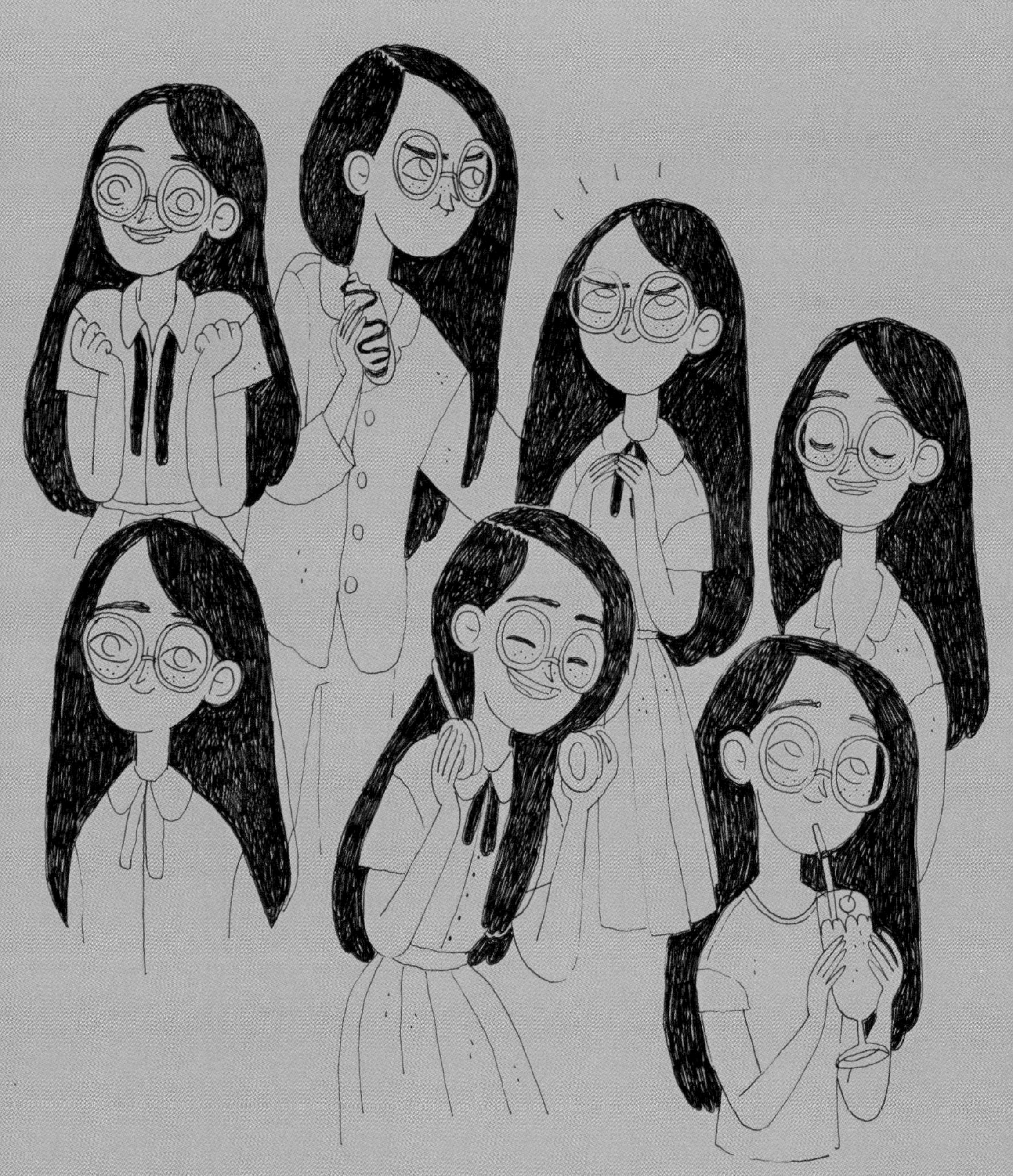

ustration by Fran Meneses.

INDEX

BODIL JANE

www.bodiljane.com
Instagram: @bodiljane
Twitter: @bodiljane
Facebook: @bodiljane

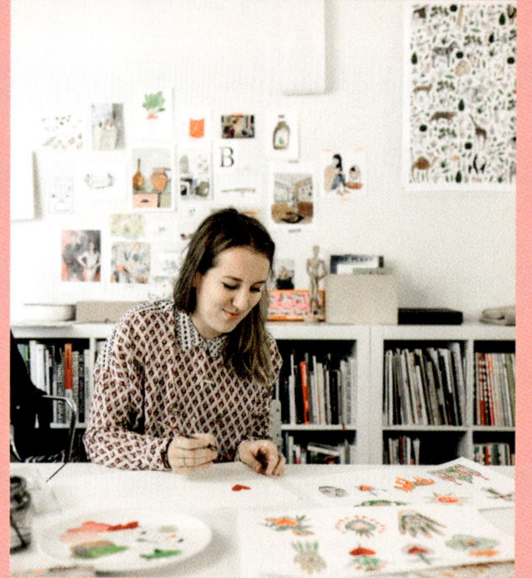

What does illustration mean to you?
For me, illustrating is a way to express myself and to address things that I think are important. Creating illustrations makes me very happy because I can keep on developing and the possibilities are endless. There are always a million new things that I want to learn and a million things that I want to illustrate in the future. My work doesn't stop when I leave my studio. I take it with me everywhere and it's always on my mind. It's my addiction.

How would you define your style?
My illustrations are a mix of handmade elements and digital techniques. It's colorful, playful and maximalistic. I like to picture strong women and address social issues. Colors are very important in my work. I'm always looking for new and exciting combinations.

¿Qué es para ti la ilustración?
Para mí, la ilustración es una forma de expresarm y de abordar todo aquello que considero importante. Crear ilustraciones me hace muy feliz porque me permite seguir desarrollándome, con unas posibilidades que son infinitas. Siempre hay un millón de cosas nuevas que quiero aprender y un millón de cosas que me gustaría ilustrar en e futuro. Mi trabajo no acaba cuando salgo del estudio; me lo llevo a todas partes y siempre lo tengo en mente. Es mi adicción.

¿Define tu estilo?
Mis ilustraciones son una mezcla de elementos manuales y técnicas digitales. Son coloridas, alegres y maximalistas. Me gusta ilustrar a mujeres fuertes y abordar cuestiones sociales. Los colores son muy importantes en mi trabajo. Estoy en constante búsqueda de combinaciones nuevas y apasionantes.

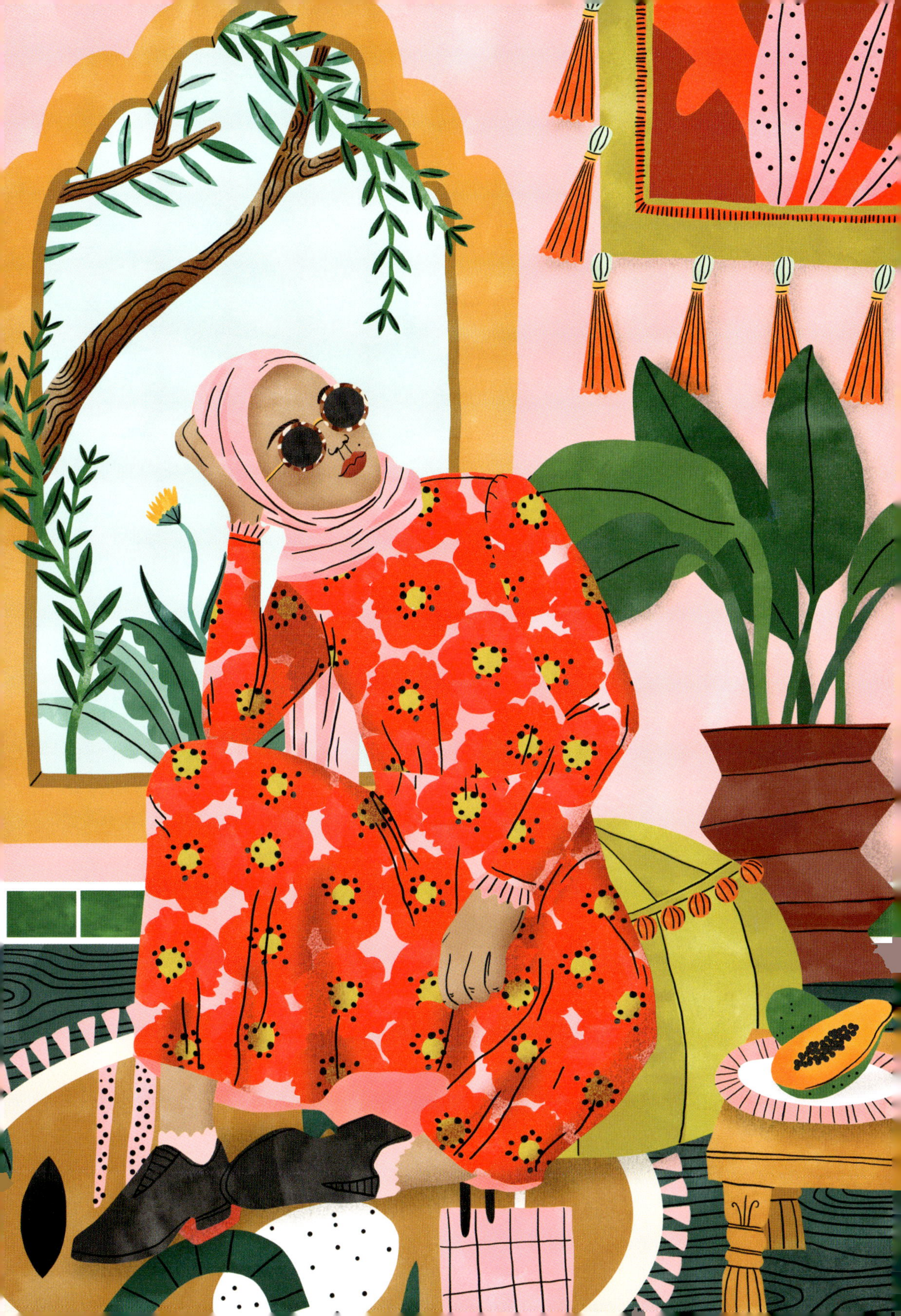

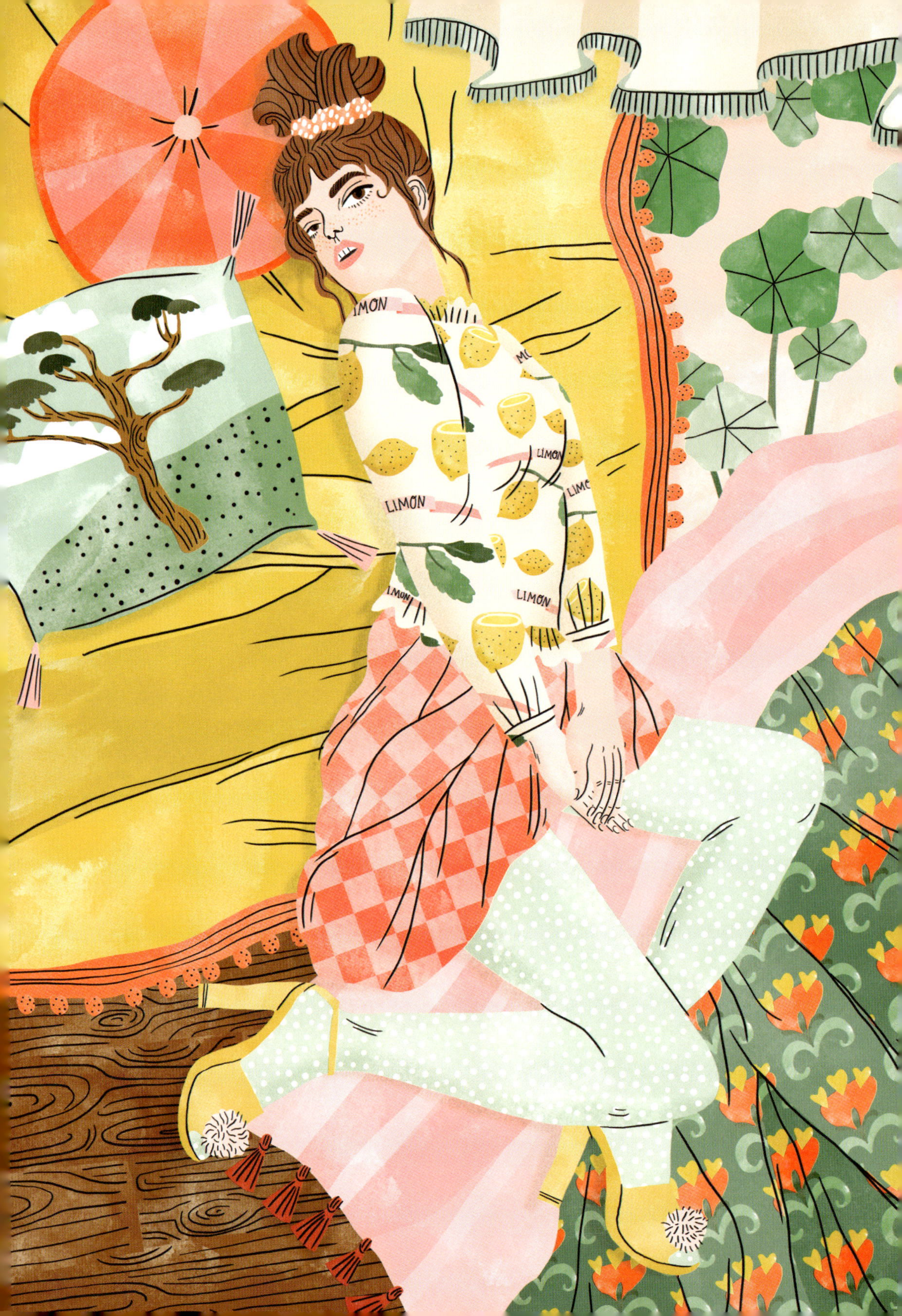
LIMON
LIMON
LIMON
LIMON

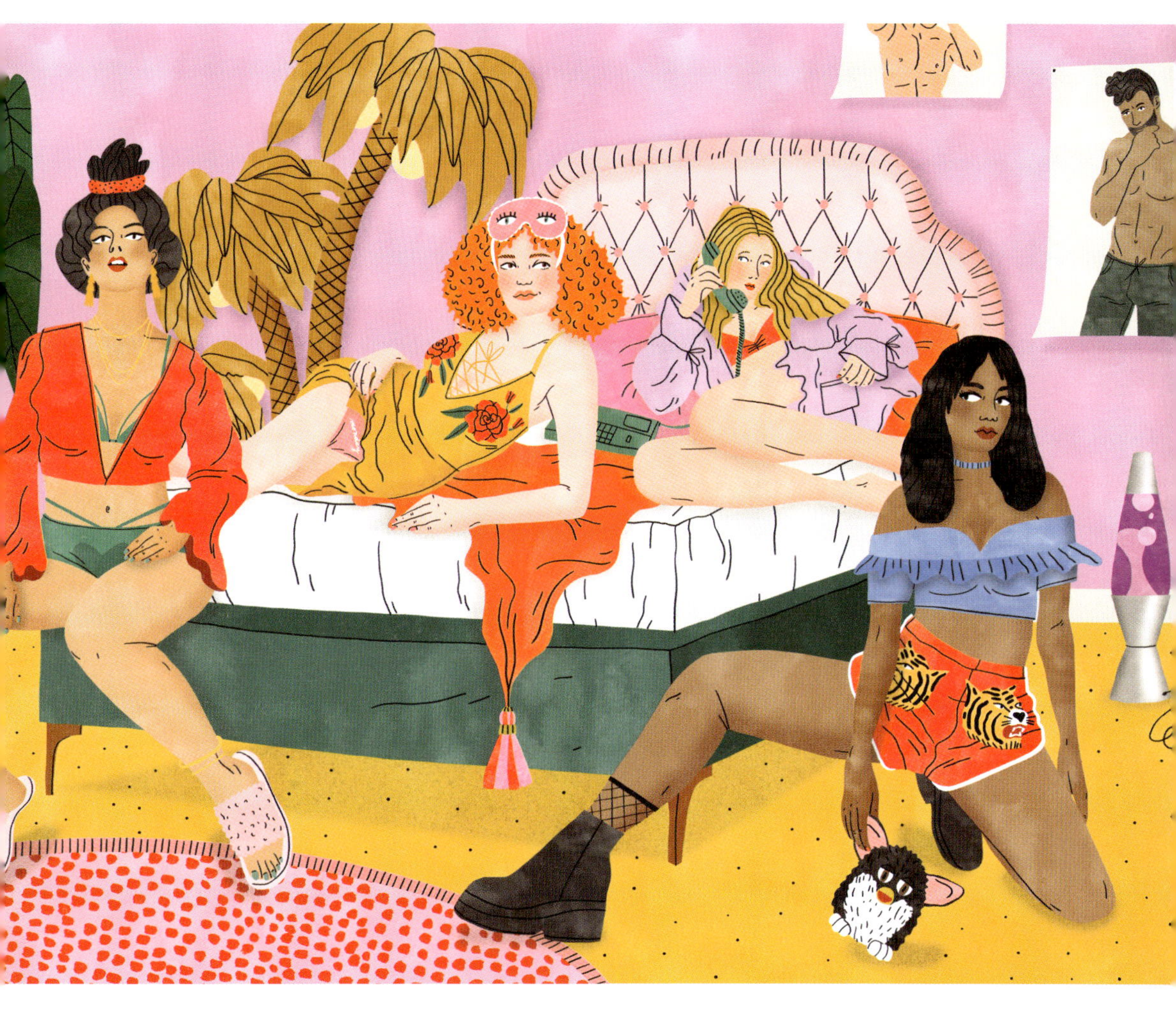

PETRA ERIKSSON

www.petraeriksson.com
Instagram: @petraerikssonstudio
Facebook: @petraerikssonstudio

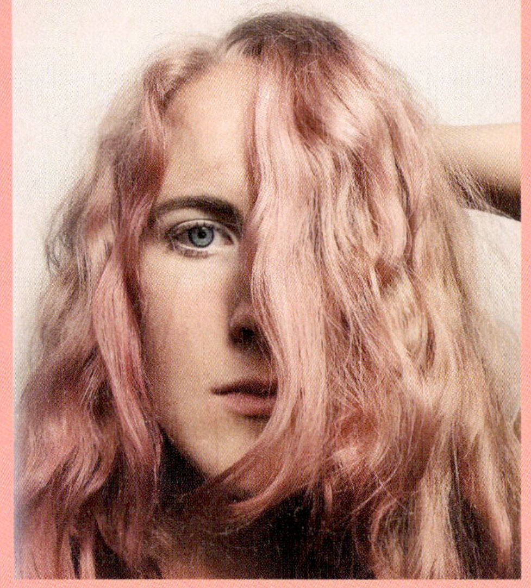

What does illustration mean to you?
Illustration to me is a way of communicating visually, whether that communication is something that comes from myself or someone else. It's a world without limits which makes it a very interesting and creative medium.

How would you define your style?
My style includes loads of bright colours and is playful while also having a level of simplicity to it.

¿Qué es para ti la ilustración?
Para mí, la Ilustración es una forma de comunicación visual, ya venga de mí o de otra persona. Es un mundo sin límites, lo que lo convierte en un medio muy interesante y creativo.

¿Define tu estilo?
Mi estilo incluye un montón de colores vivos, además de ser alegre y de tener un cierto toque de sencillez.

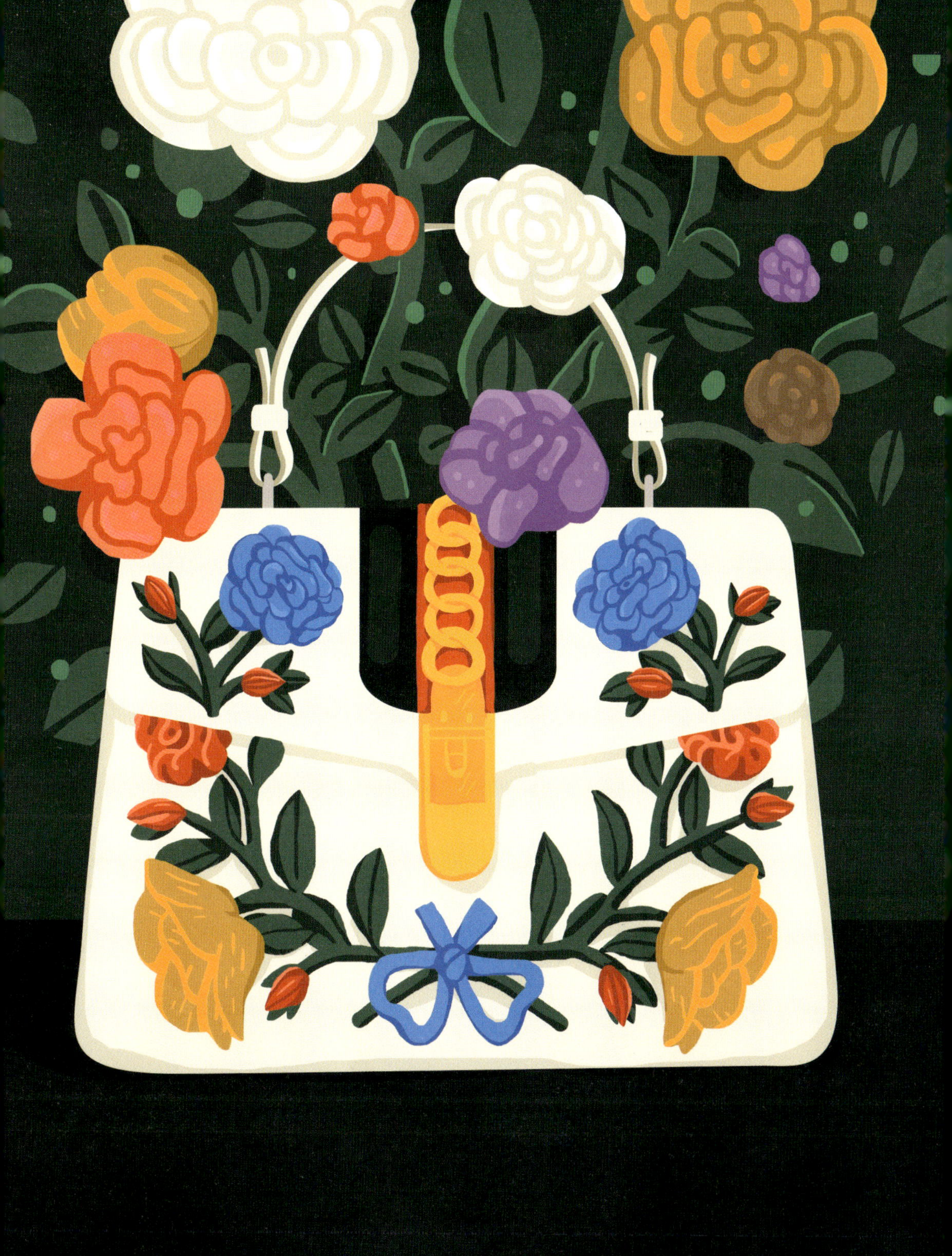

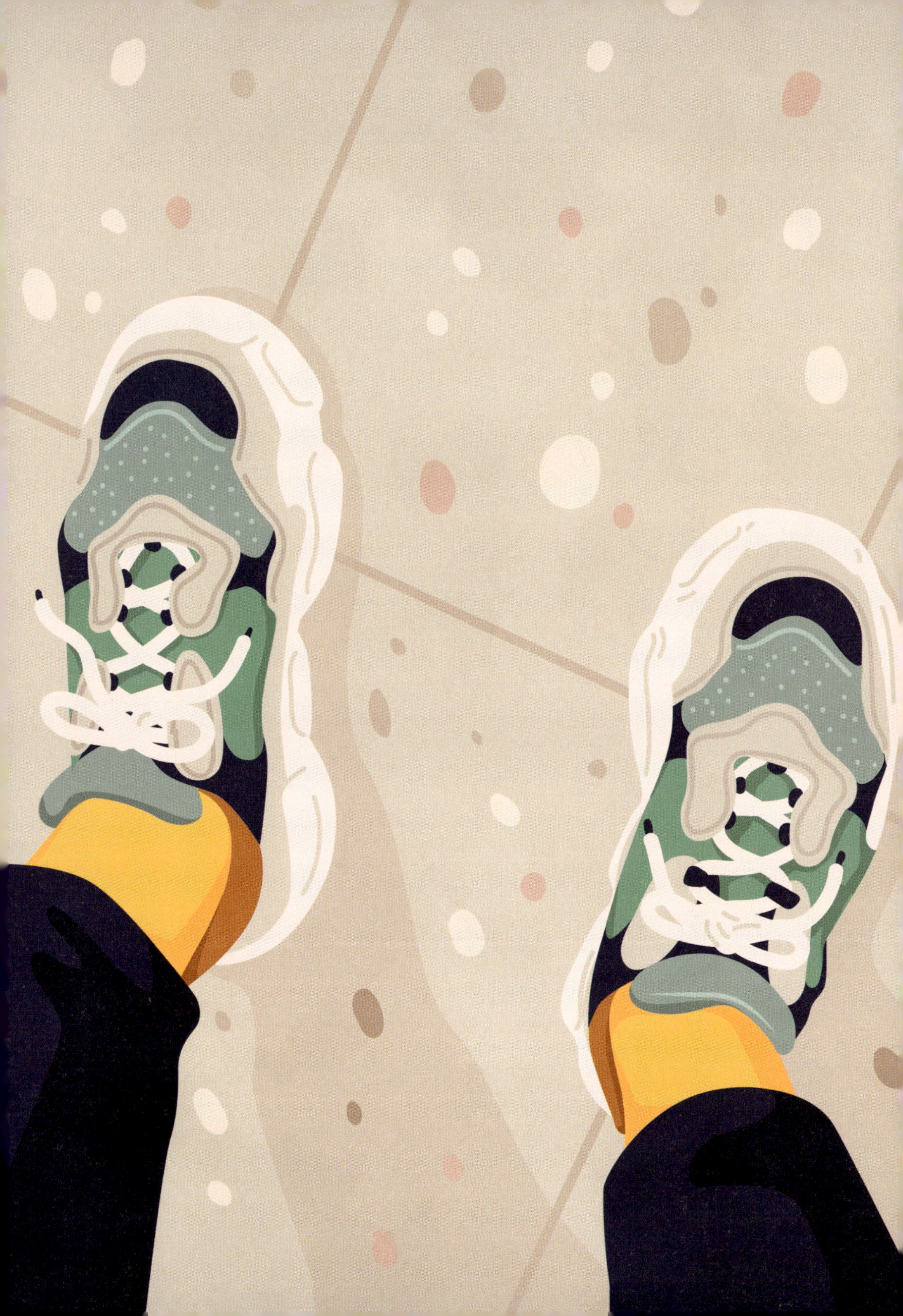

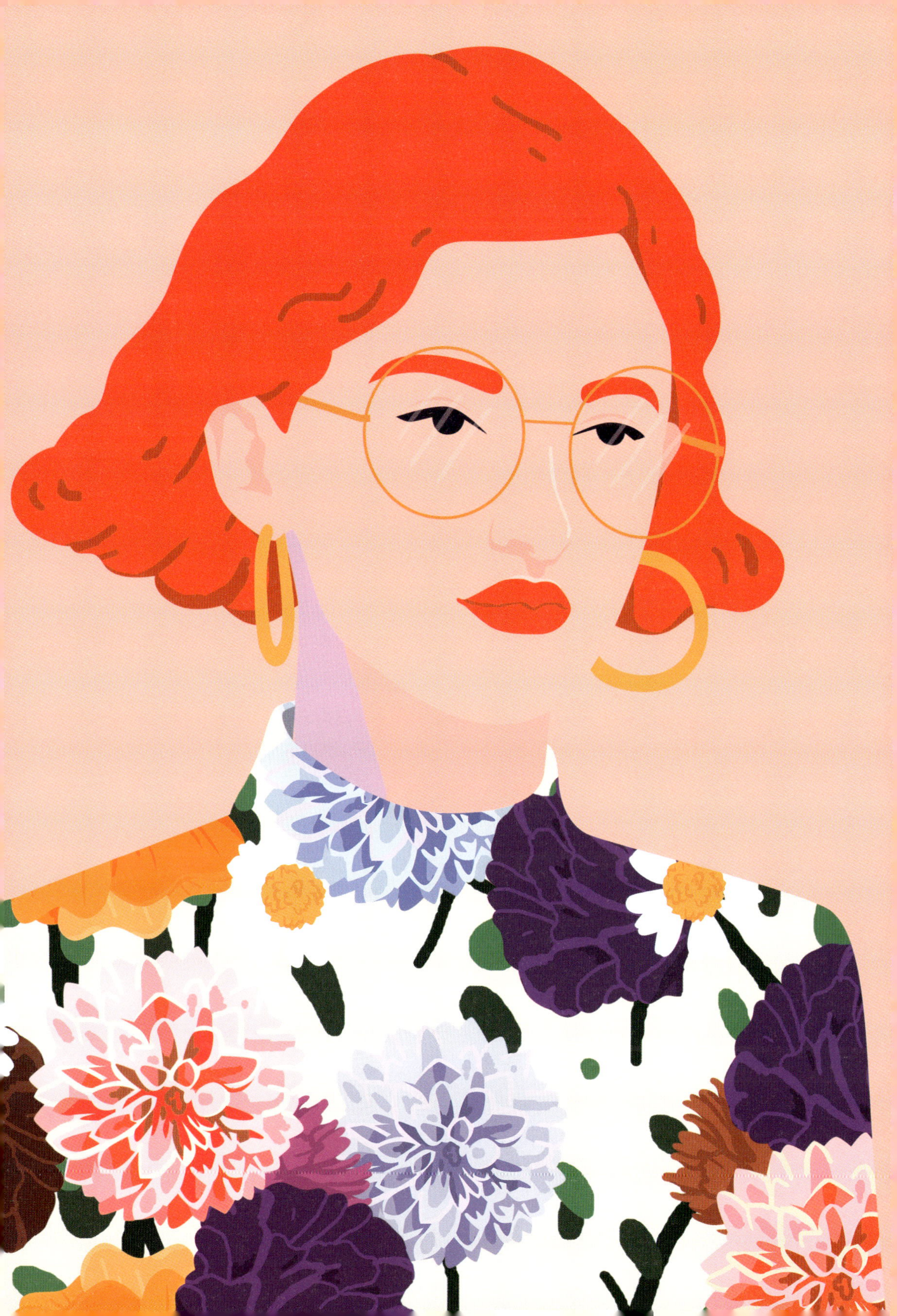

AISTE STANCIKAITE

www.stancikaite.com
Instagram: @aiste_stancikaite
Twitter: @stancikaite

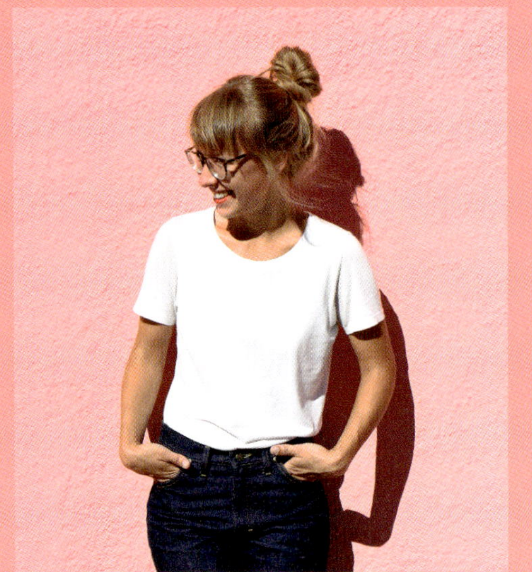

What does illustration mean to you?
Illustration enables me to communicate my ways of thinking and seeing without having to use language. I feel I can say more with an image than I can with words!

How would you define your style?
My work is founded on figurative drawing with a focus on detail and structure. I love pairing intricate pencil drawings with more abstract uses of traditional or digital mediums to achieve a greater variety in form and texture. I try to go beyond the often decorative nature of illustration to make my work stand out as a piece of art in its own right.

¿Qué es para ti la ilustración?
La ilustración me permite comunicar mi forma de ver y de pensar sin tener que recurrir al lenguaje. De hecho, siento que puedo transmitir más cosas con una imagen que con las palabras.

¿Define tu estilo?
Mis obras se fundamentan en un dibujo figurado con especial énfasis en el detalle y la estructura. Me encanta combinar dibujos a lápiz con acabados abstractos, usando medios tradicionales o digitales para lograr una mayor variedad en términos de forma y textura. Intento ir más allá de la naturaleza decorativa de la ilustración, para hacer que mi trabajo destaque como una obra de arte en sí misma.

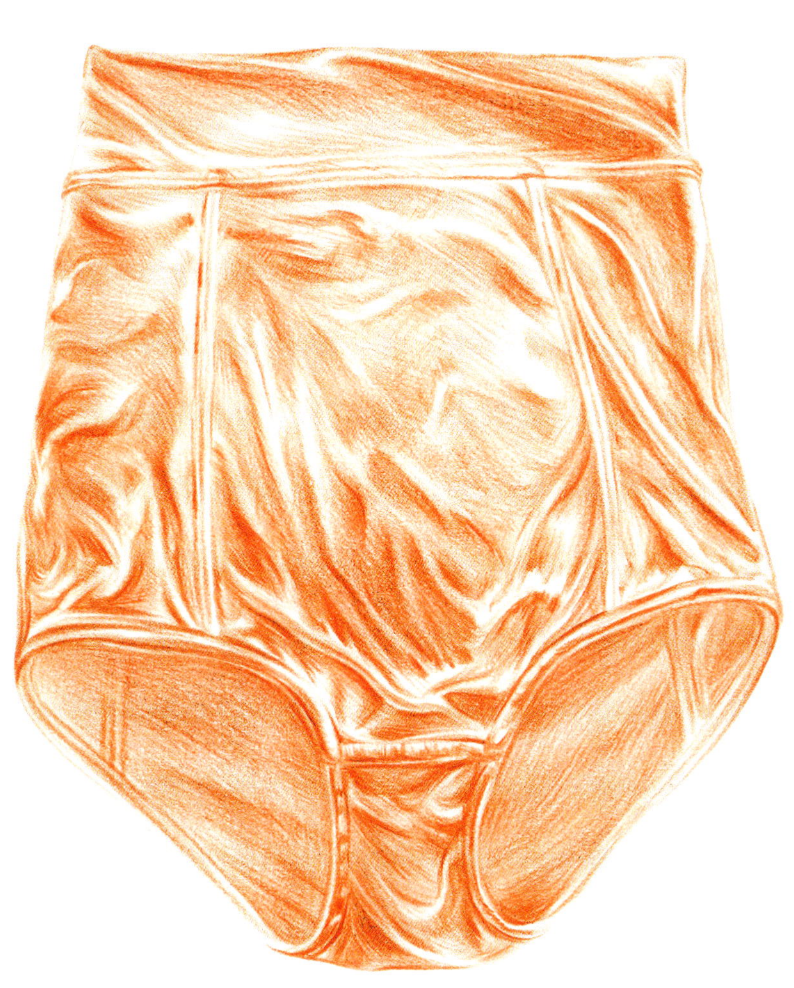

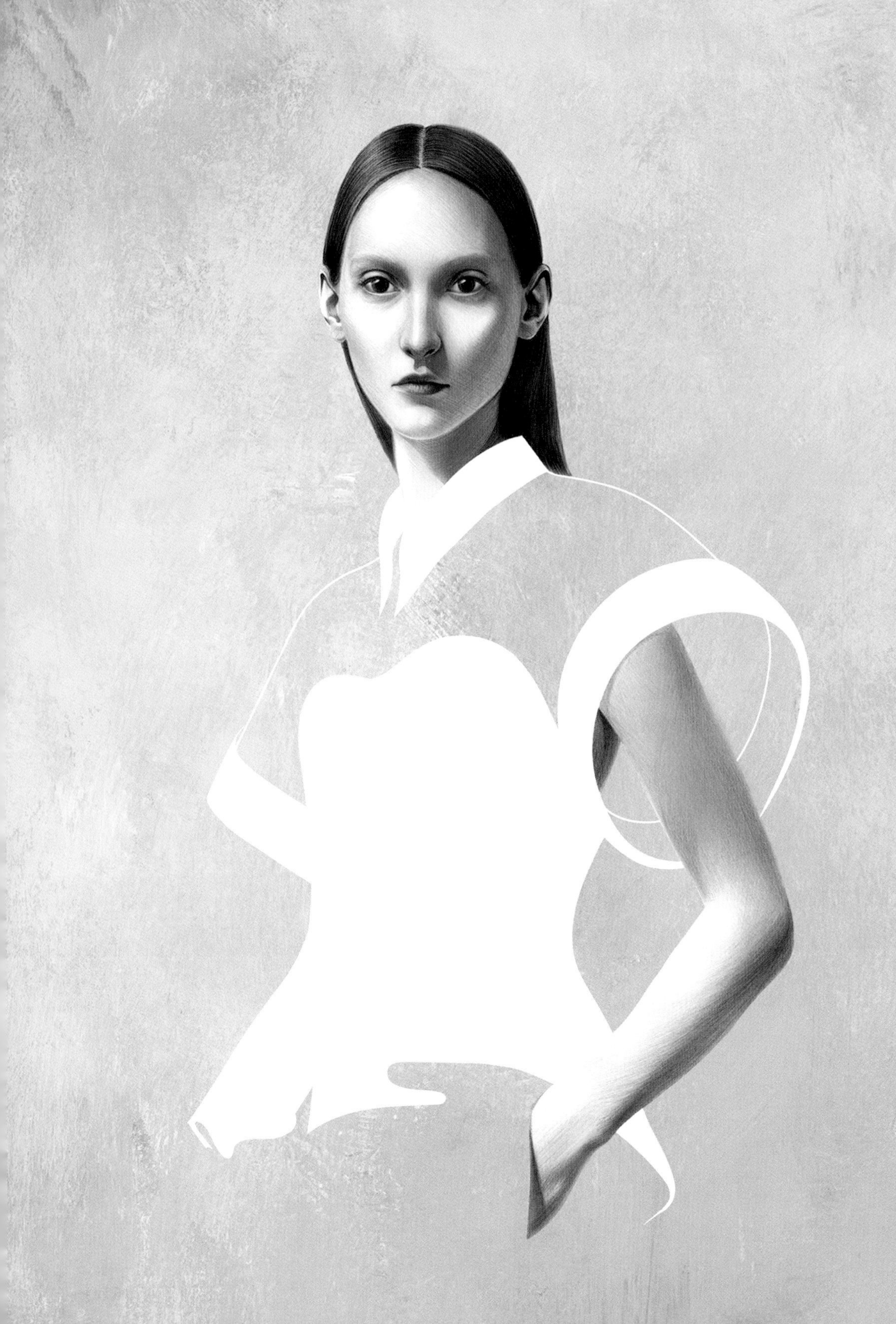

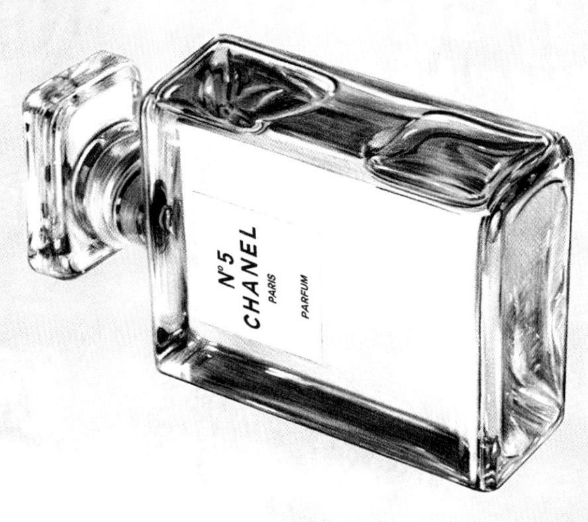
N°5
CHANEL
PARIS
PARFUM

JILL LIN

www. pploffashion.com
Instagram: @ pploffashion

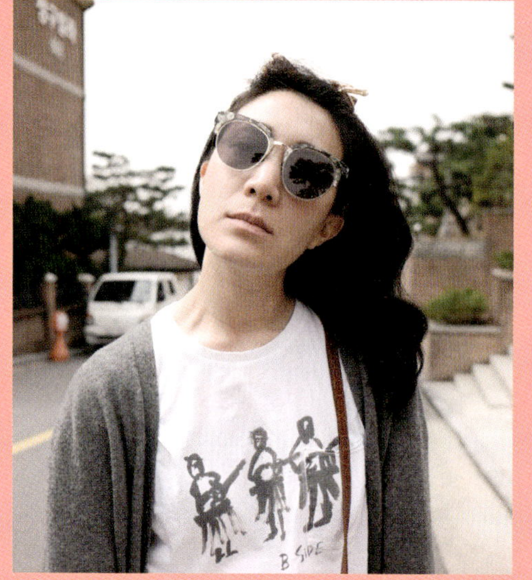

What does illustration mean to you?
Illustration to me means the freedom to daydream, create, and document what's happening around us.

How would you define your style?
Feminine and imperfect with a love of using color.

¿Qué es para ti la ilustración?
Para mí, la ilustración significa la libertad de soñar despierta, de crear y de documentar lo que sucede a nuestro alrededor.

¿Define tu estilo?
Femenina e imperfecta con un claro amor por el color.

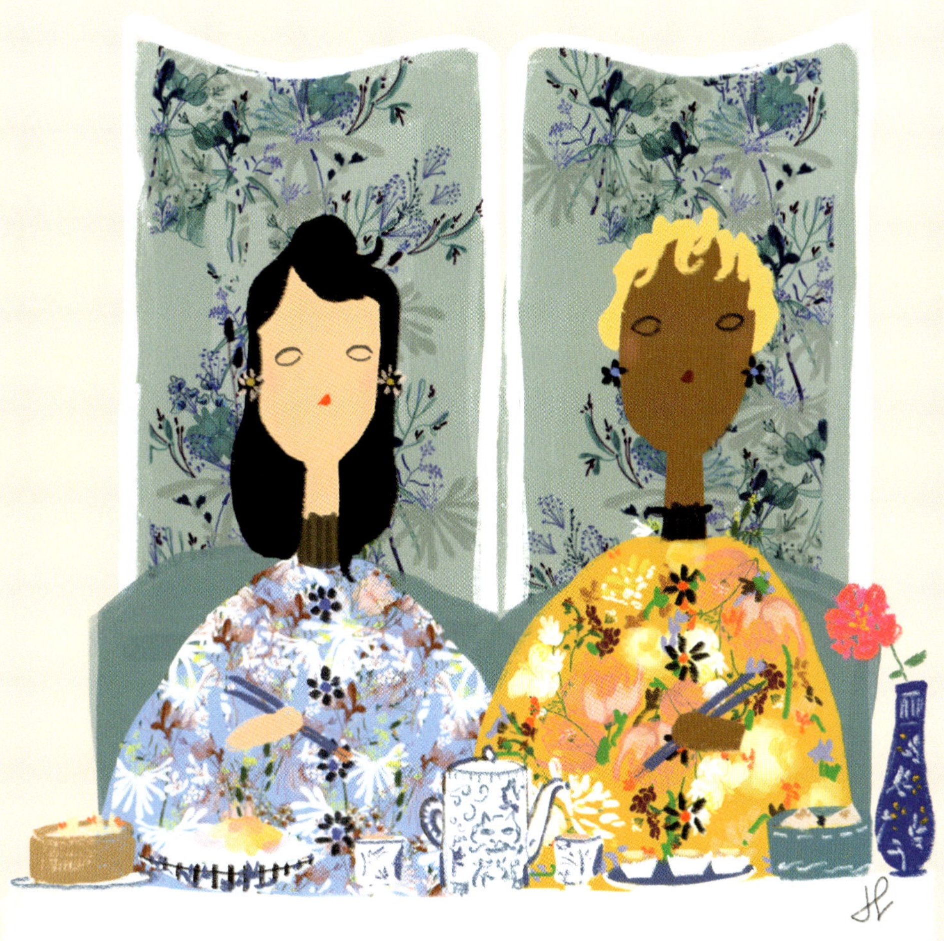

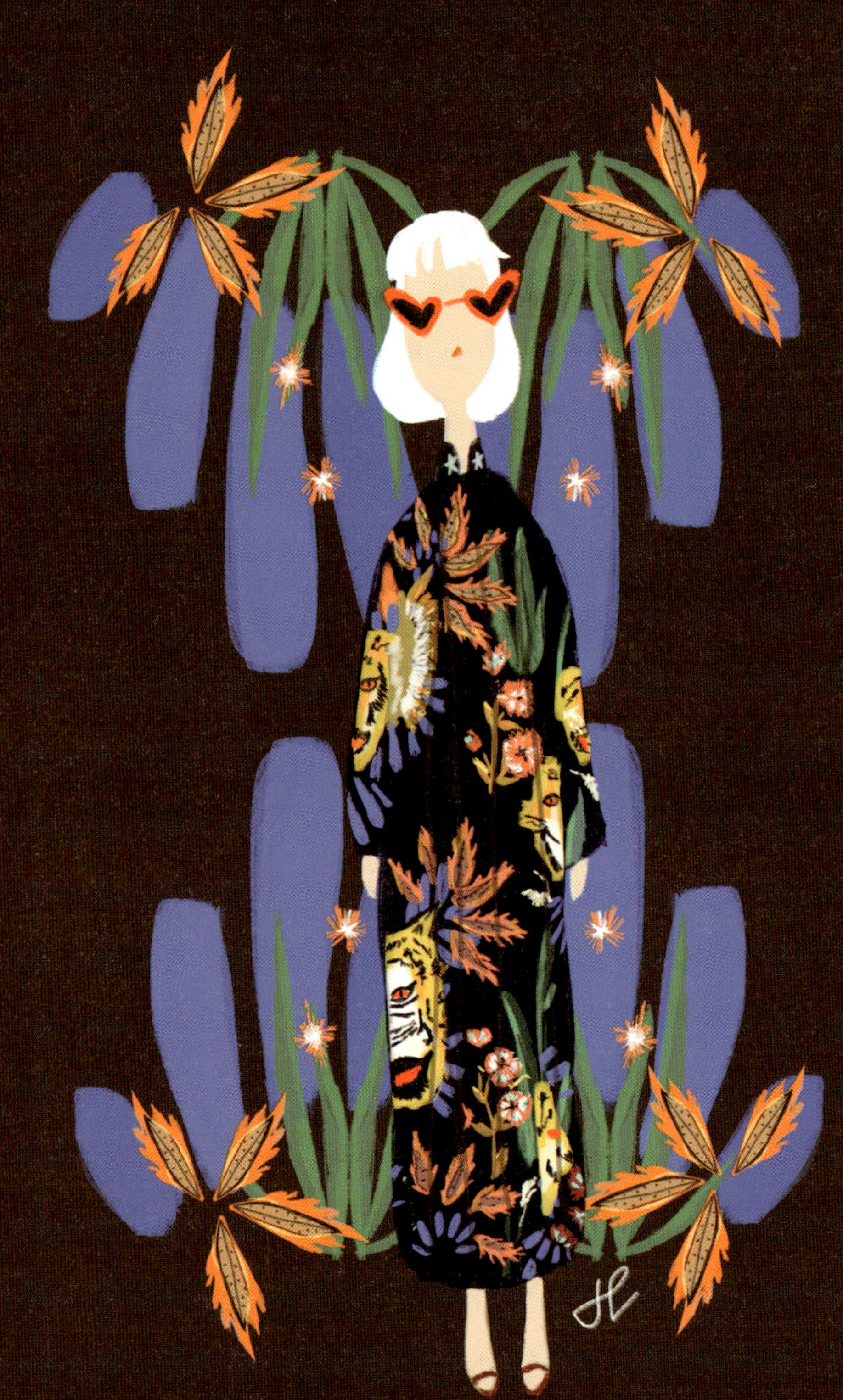

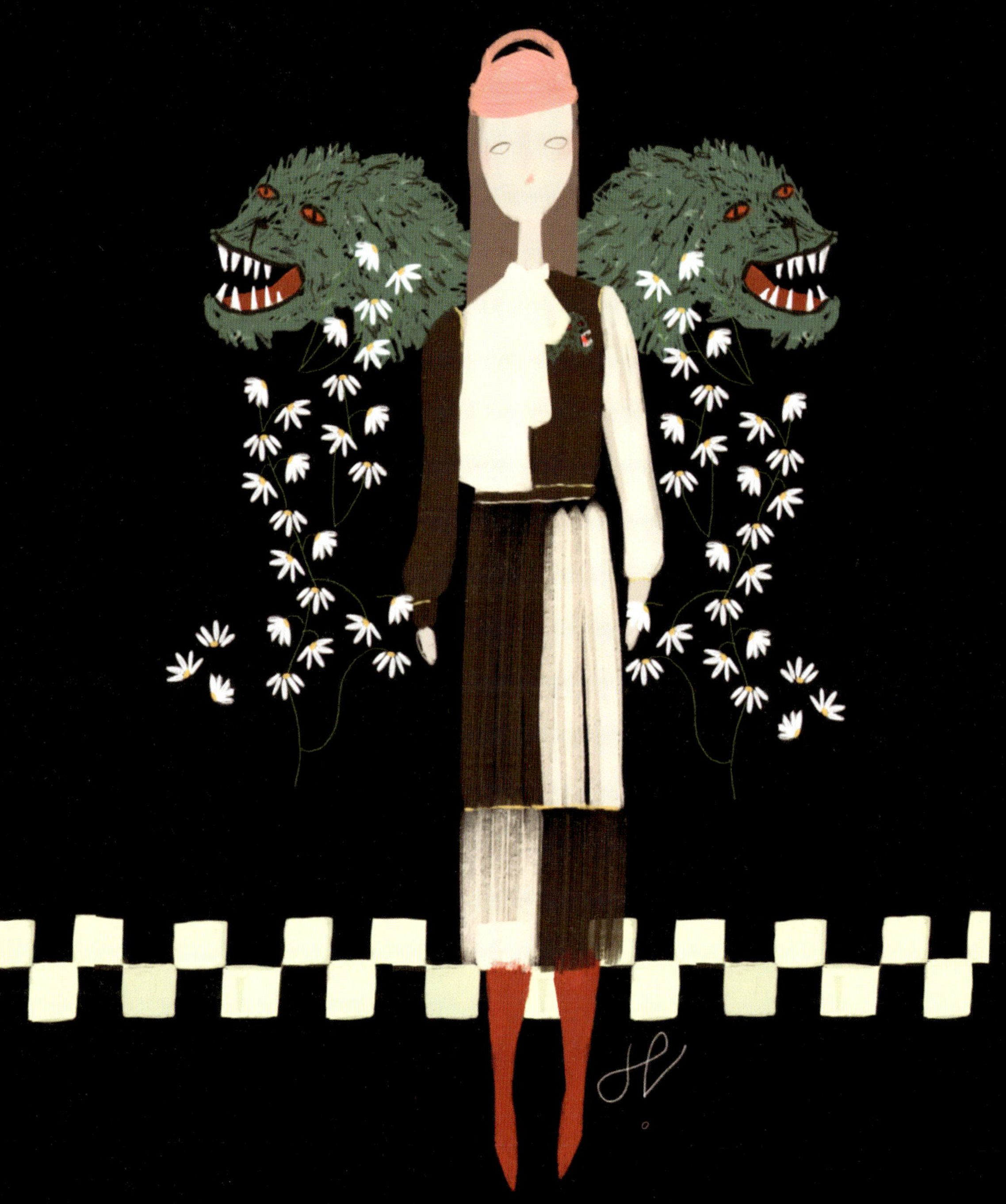

MONA KARAIVANOVA

www.ghostpuff.com
Instagram: @ghost_puff
www.youtube.com/c/ghostpuff

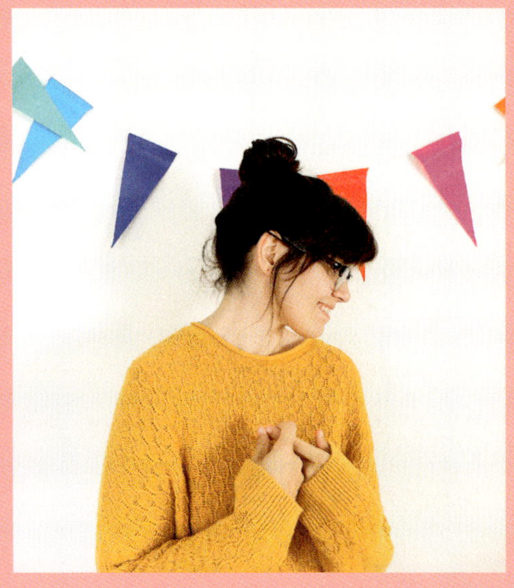

What does illustration mean to you?
I don't ask myself this nearly enough, to be honest. Somedays, illustration is my whole world and occupies nearly my entire waking time. Other days, it's a bit of a tug of war with the blank paper. Nothing special, as I'm sure every illustrator feels like this! Illustration is a game I feel like I want to play all the time. Even if sometimes I can't beat the "boss" on my first try, persistence will get me there!

How would you define your style?
As of this moment I am wildly interested in colored pencils! I would say that my aim when illustrating is to keep a "struggle" going on the paper - similar to how a child would play with them. Many lines, some jagged, some tidy, quick strokes with much sharpening in between. I'm told my style is warm and positive, cozy and vibrant, with a touch of whimsy! I wouldn't have it any other way!

¿Qué es para ti la ilustración?
Sinceramente, es que ni siquiera me lo planteo. Algunos días, la ilustració es todo mi mundo y ocupa casi todo mi tiempo. Otros, es un tira y afloja con el papel en blanco. No creo que sea nada especial; seguro que todos los ilustradores se sienten así. La ilustración es un juego al que siento que me apetece jugar todo el rato. Y aunque a veces no soy capaz de derrotar al "jefe" al primer intento, con insistencia todo se consigue.

¿Define tu estilo?
Ahora mismo me interesan mucho los lápices de colores. Yo diría que mi objetivo al ilustrar es mantener viva una especie de "lucha" en el papel, como cuando un niño juega con ellos. Muchas líneas, algunas irregulares, otras ordenadas, trazos rápidos con mucha afiladur entre medias. Me dicen que mi estilo es cálido y positivo, acogedor y vibrante, con un toque de extravagancia; ¡es que si no no sería mío!

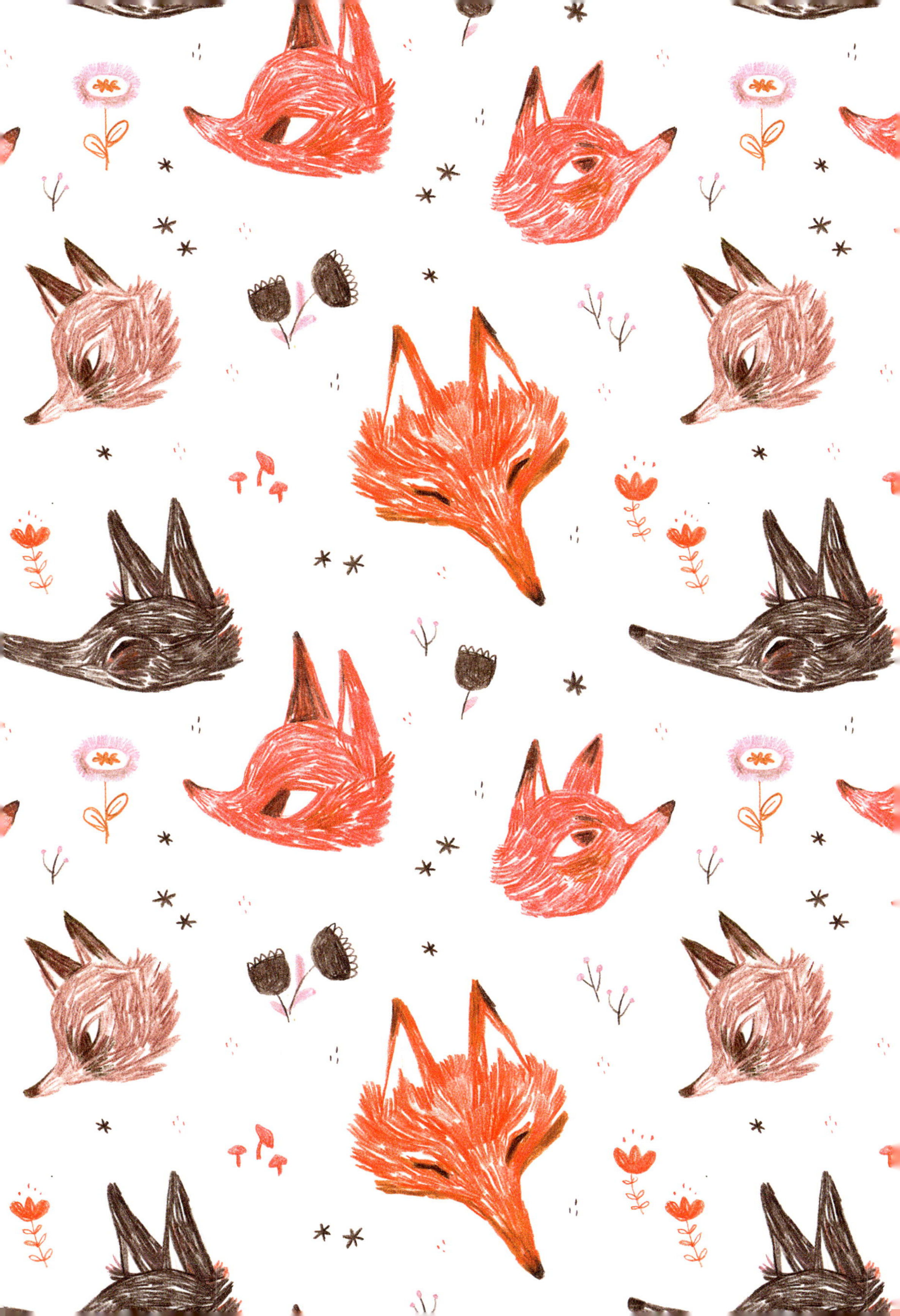

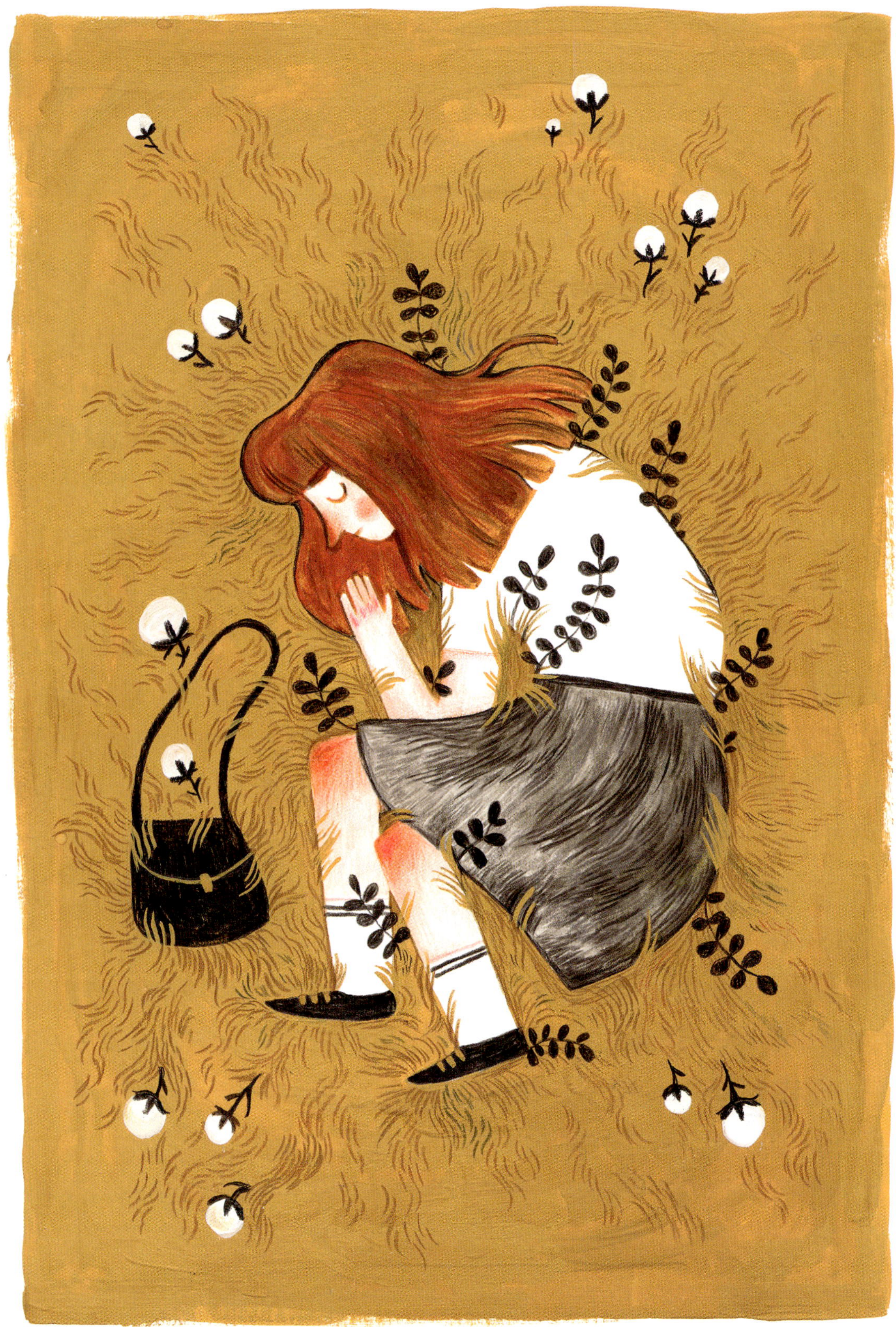

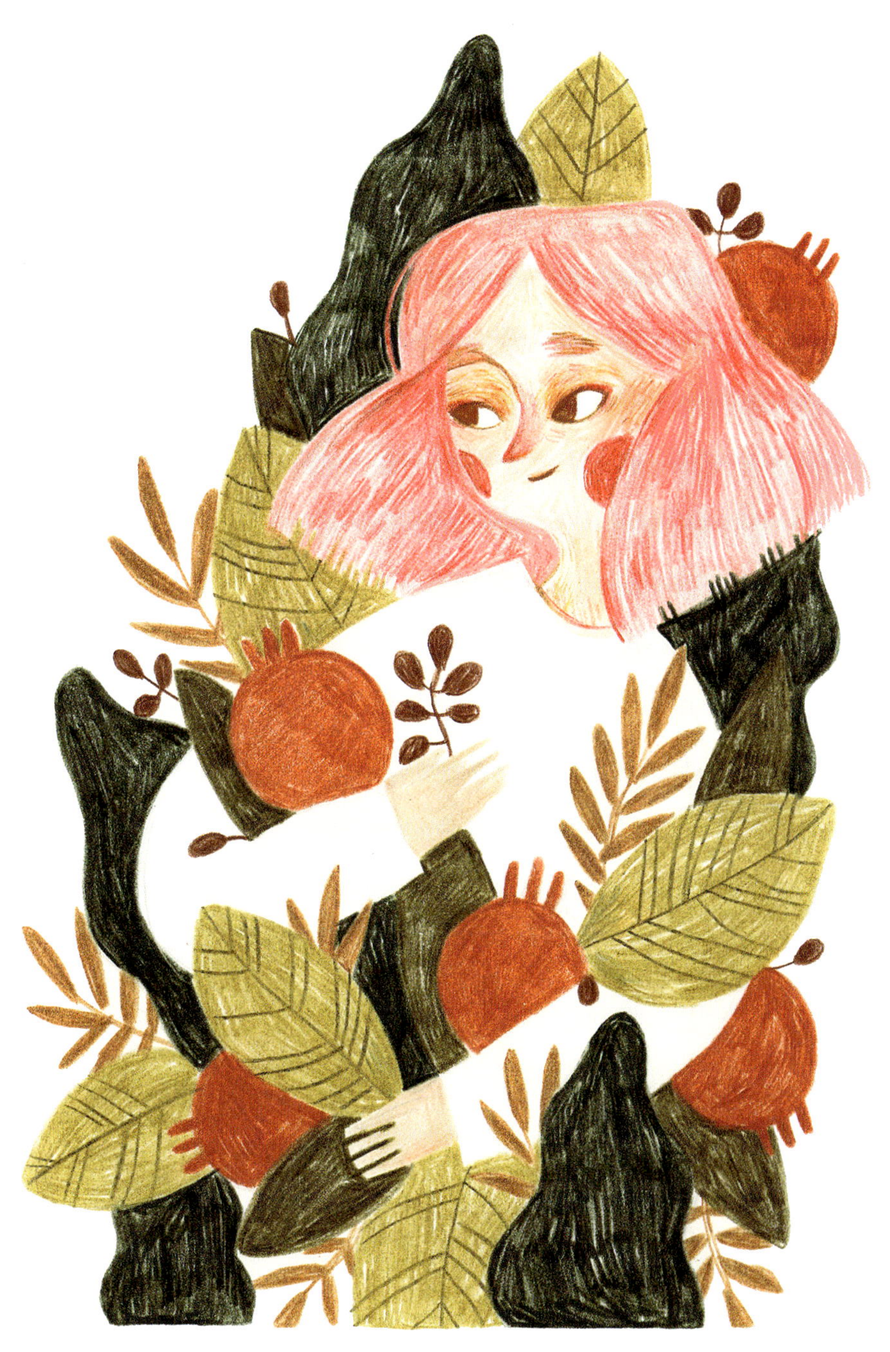

AMANDA OLEANDER

www.amandaoleander.com
Instagram: @amandaoleander
Twitter: @amandaoleander
Facebook: @AmandaOleander

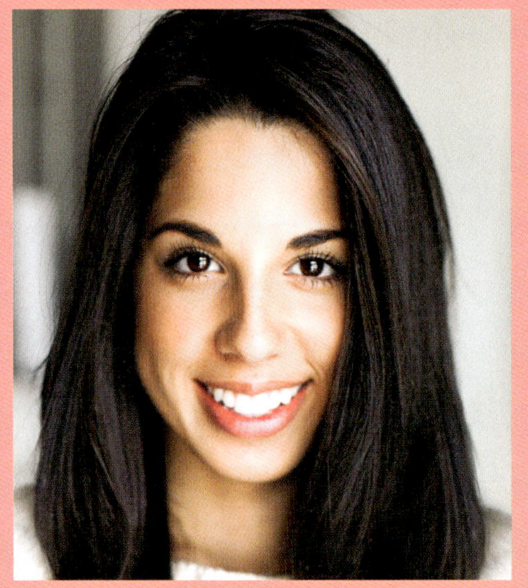

What does illustration mean to you?
Illustration is a way to share what goes on in my mind with the rest of the world. Illustration is a way to convert my visions, thoughts, experiences into reality. It is a way to connect with people from all over the world no matter what language or what culture they are a part of.

How would you define your style?
It's contemporary, bright and usually figurative. My style is influenced by artists I studied while getting my BFA such as Modigliani, Alice Neel, Tim Burton and Picasso but also very influenced by the cartoons I watched as a child such as The Rugrats, Doug and The Wild Thornberrys.

¿Qué es para ti la ilustración?
La ilustración es una forma de compartir con el resto del mundo lo que se me pasa por la cabeza; es una manera de convertir mis visiones, pensamiento y experiencias en realidad; una forma de conectar con personas de todo el mundo, con independencia del idioma que hablen o de la cultura a la que pertenezcan.

¿Define tu estilo?
Es contemporáneo, brillante y habitualmente figurado. Mi estilo se inspira en los artistas que estudié cuando cursaba Bellas Artes, como Modigliani, Alice Neel, Tim Burton y Picasso, pero también está influido por los dibujos animados que veía de pequeña, como Los Rugrats, Doug y Los Thornberrys.

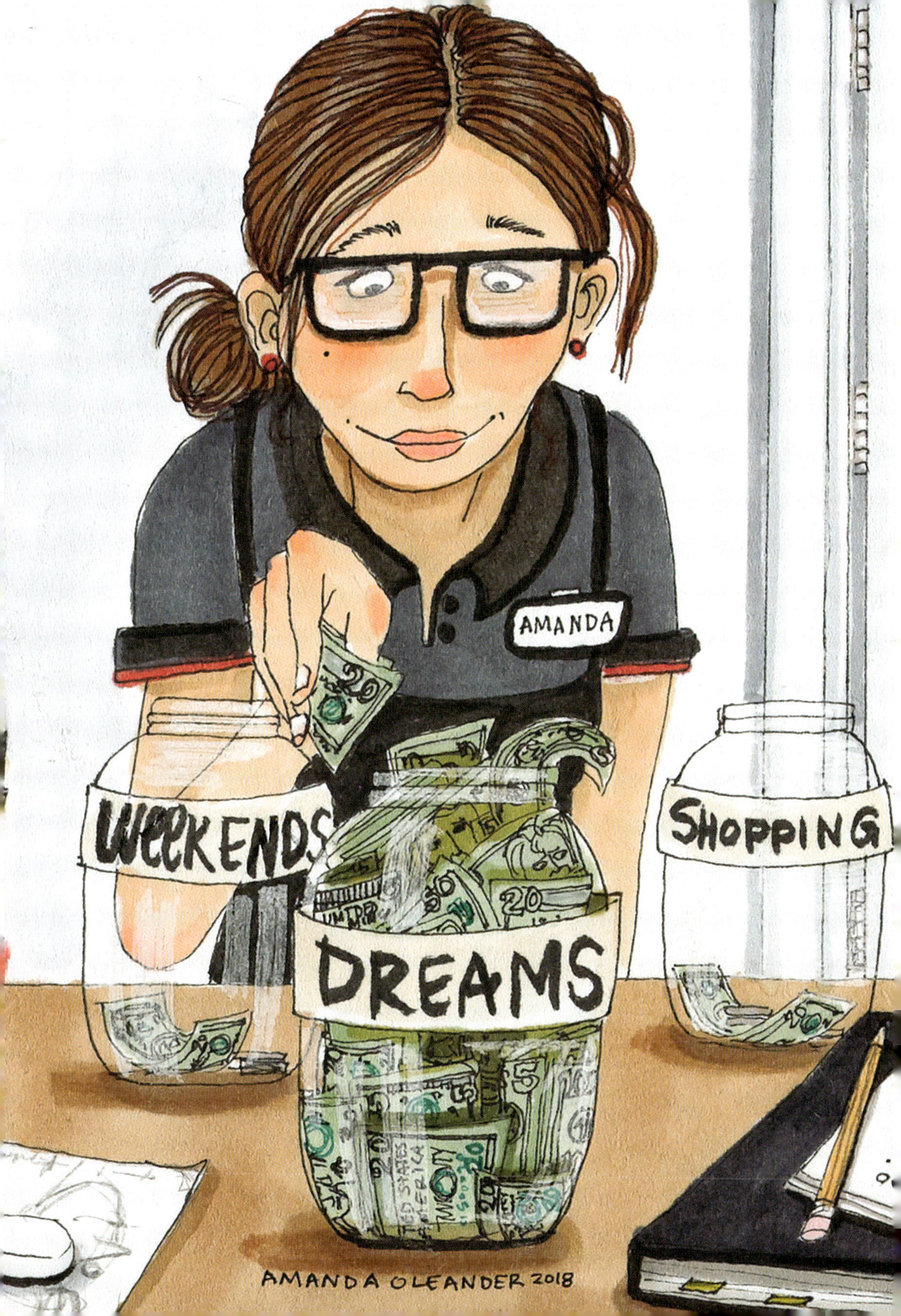
AMANDA
WEEKENDS
DREAMS
SHOPPING
AMANDA OLEANDER 2018

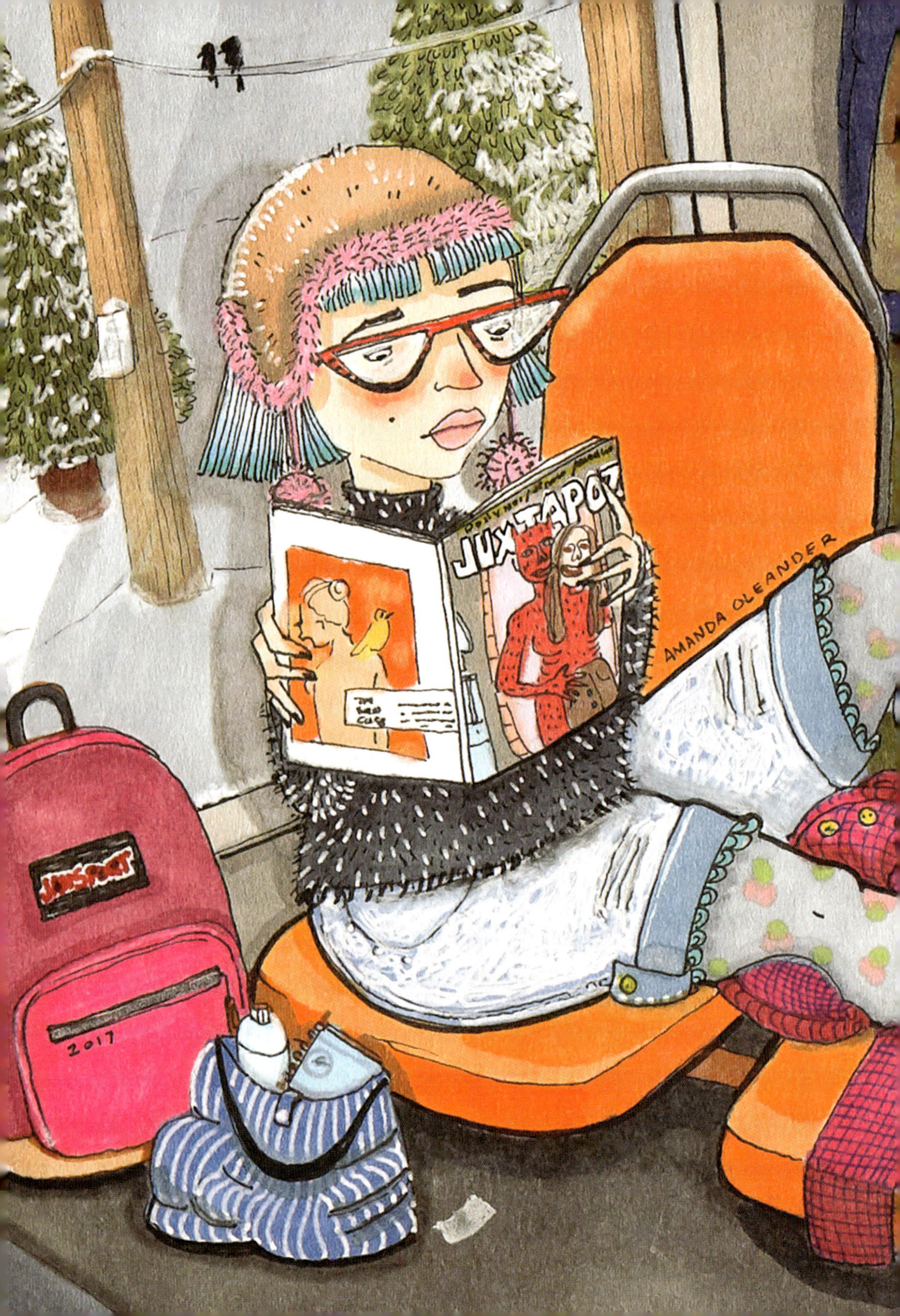
JUXTAPOZ
AMANDA OLEANDER
2017

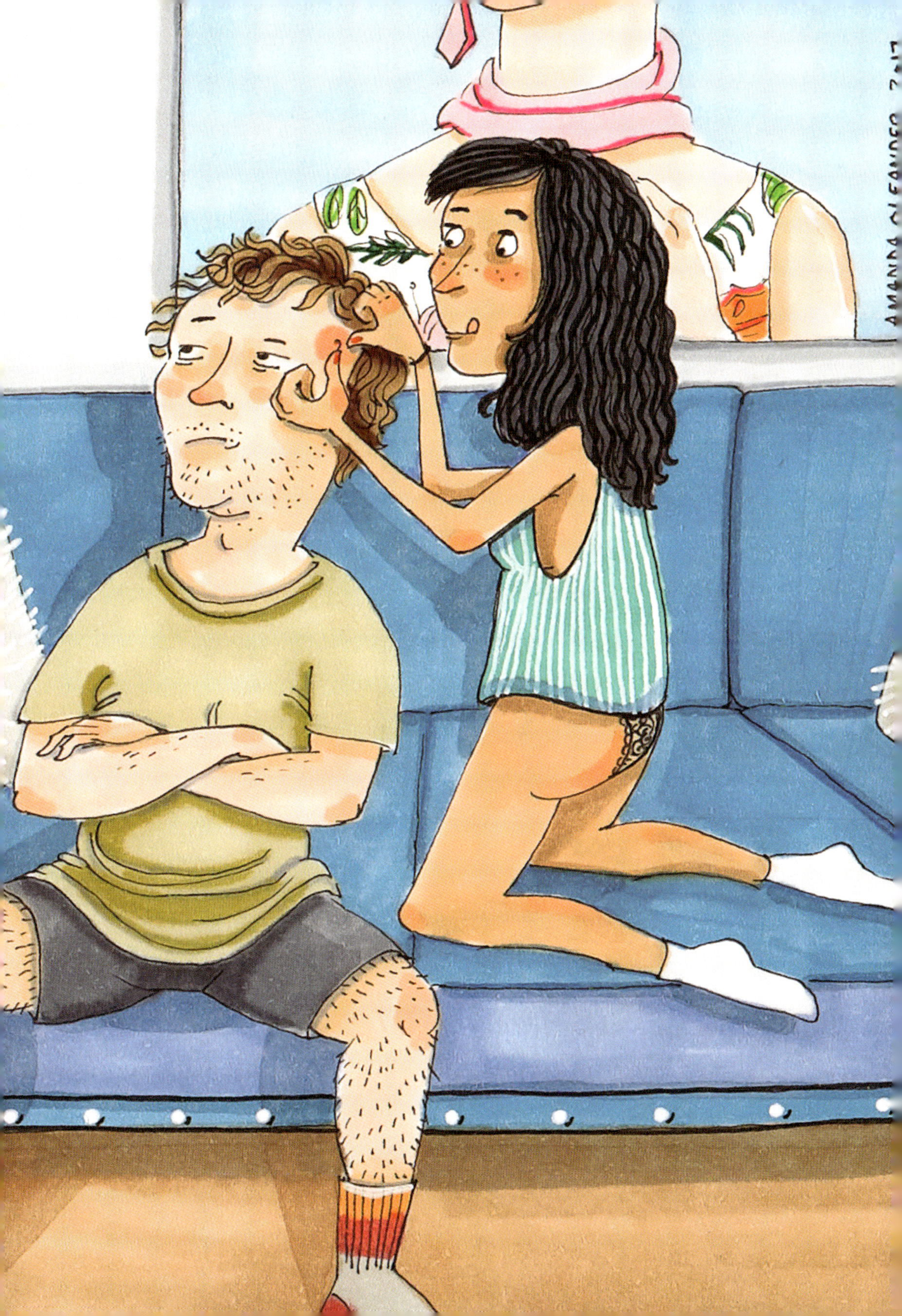

COCO ESCRIBANO

www.cocoescribano.tumblr.com
Instagram: @cocoescribano
Facebook: @cocoescribanoart

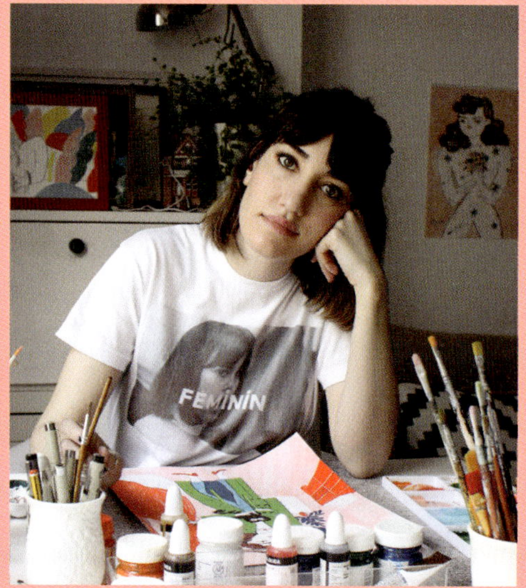

What does illustration mean to you?
For its formal meaning, illustration must provide a visual, aesthetic and creative solution to "something".
On the other hand, there is the personal meaning.
For me, the wonderful thing about illustration is to merge that "something" with my personal contribution and my style. In my case, I attach great importance to working in parallel on personal work and themes, which will always enhance our work.

How would you define your style?
Many people define it as naïf, perhaps because it seems naive in appearance. I just try to produce a simple work in terms of composition, without too many distracting elements.
Above all, I enjoy working with elements that are far removed from reality and introducing fictional or surreal elements.

¿Qué es para ti la ilustración?
Como significado forma la ilustración debe de dar una solución visual, estética y creativa a "algo".
Por otro lado, está el significado personal, par mí lo maravilloso de la ilustración es fusionar ese "algo" con mi aportación personal y mi estilo. En mi caso, doy mucha importancia a trabajar paralelamente en trabajos y temáticas personales, esto siempre va enriquecer nuestro trabajo.

¿Define tu estilo?
Mucha gente lo define como naif, quizá porque en apariencia parece ingenuo. Yo sólo trato de hacer un trabajo sencillo en cuanto a composición, sin demasiados elementos que distraigan.
Sobretodo disfruto mucho trabajando con elementos alejados de la realidad e introduciendo elementos ficticios o surrealistas.

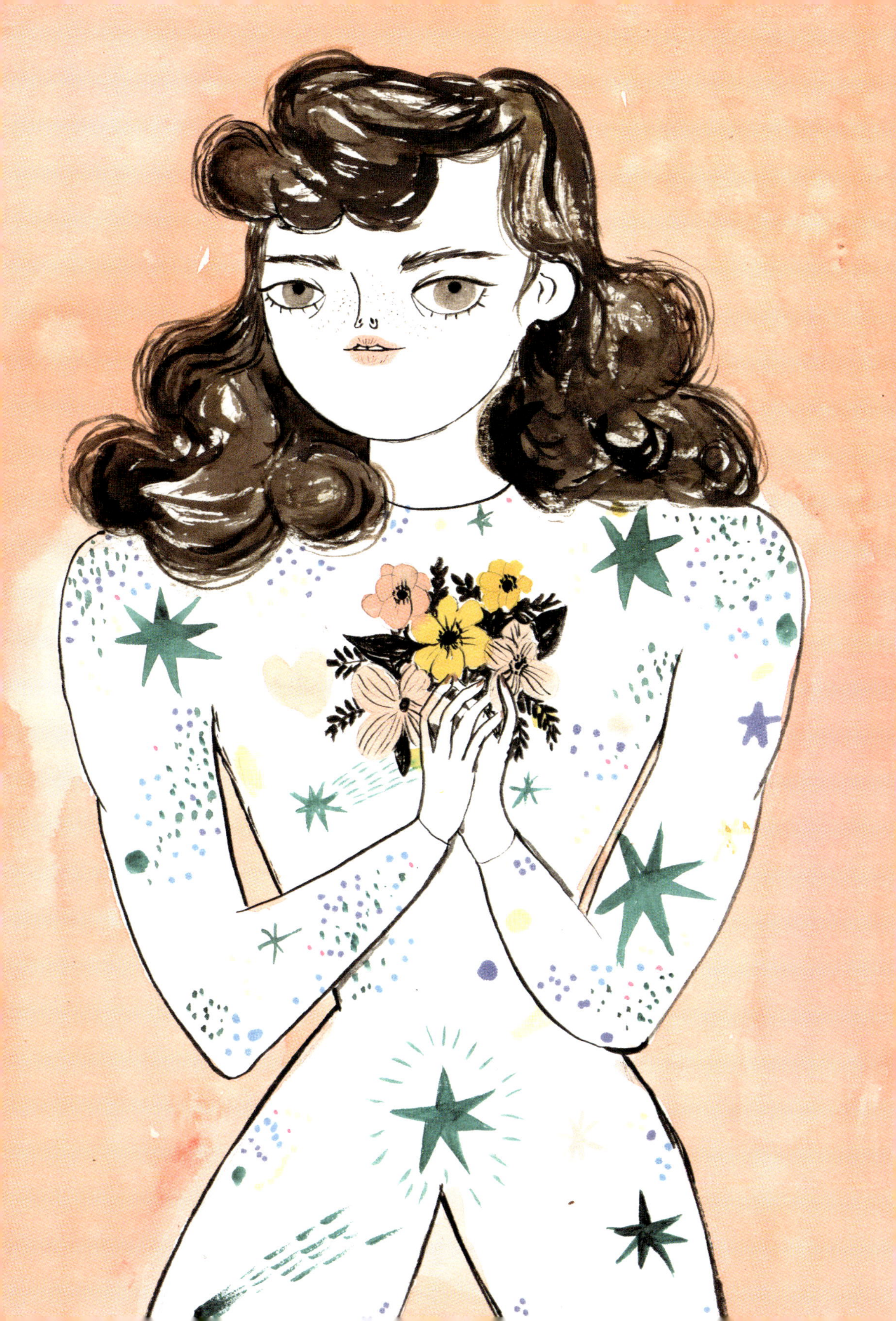

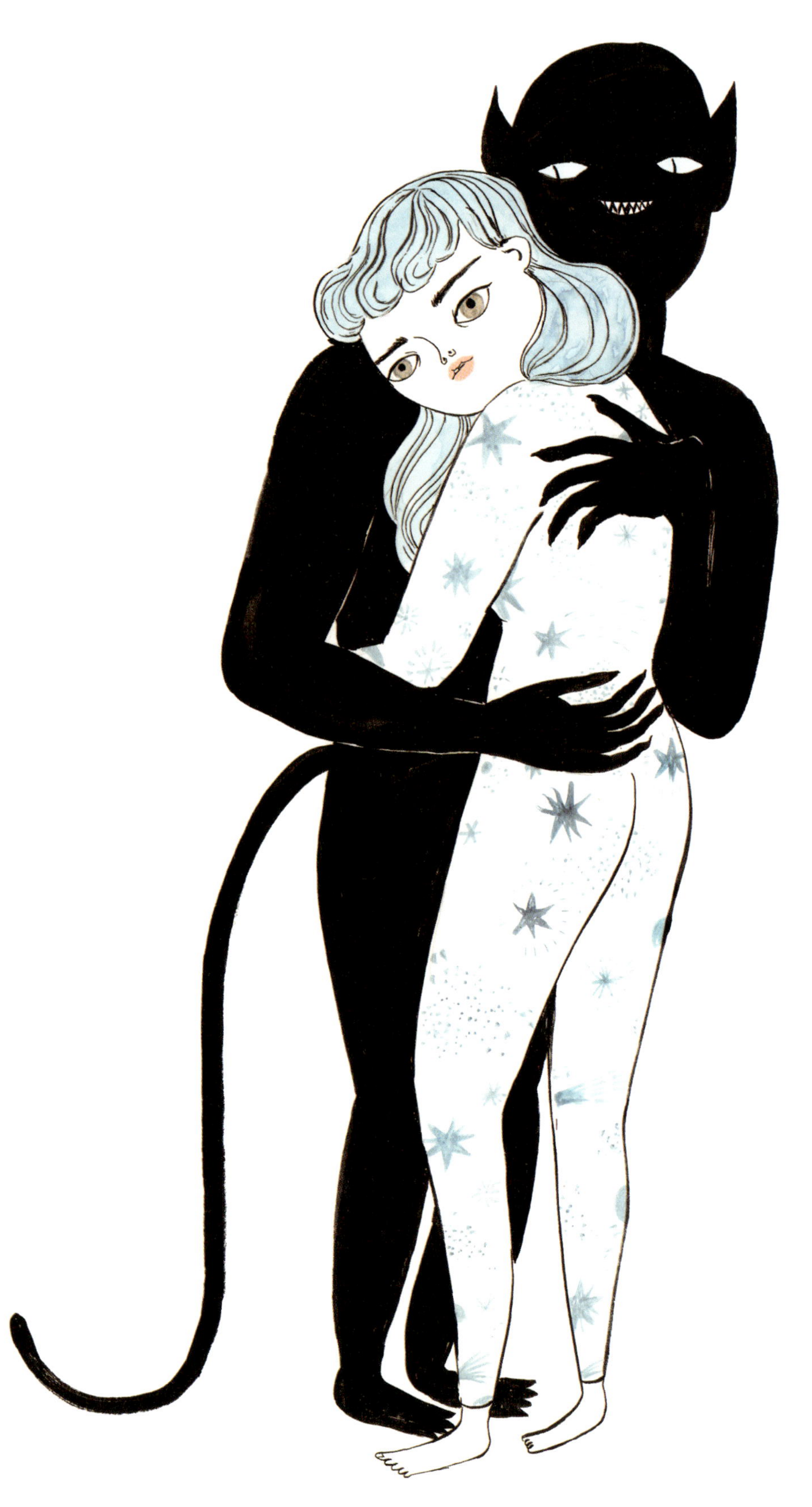

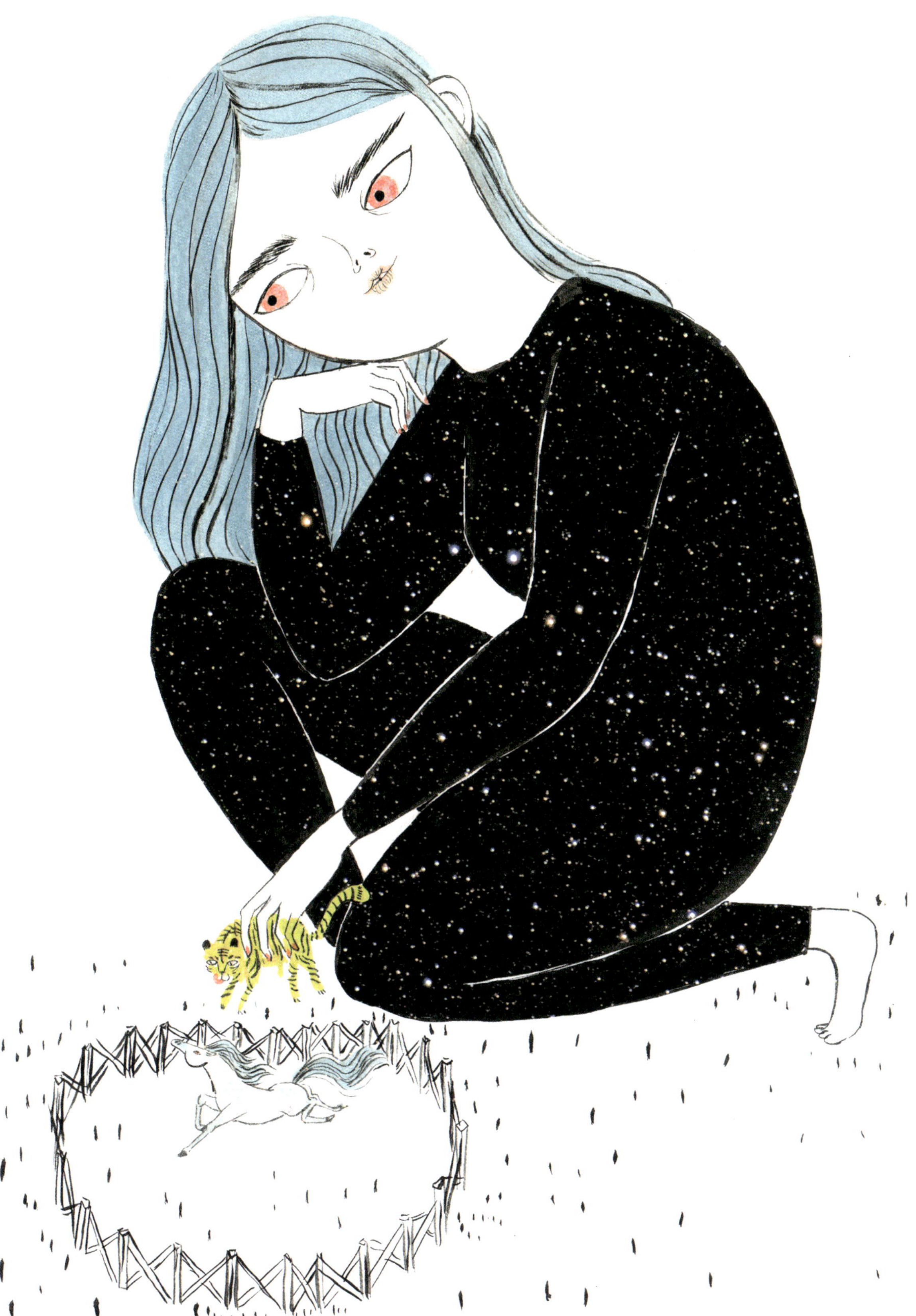

SAMYA ARIF

www.samyaarif.com
Instagram: @samyaarif
Twitter: @samyarif
Facebook: @samyaarif
Behance: Samya Arif
Tumblr: Girl Rants

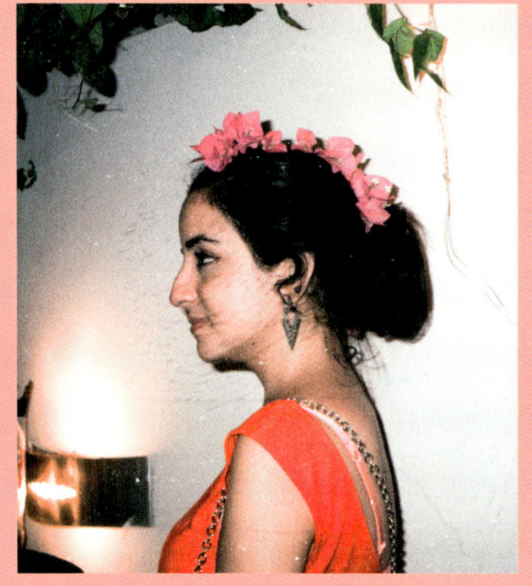

What does illustration mean to you?
Ever since I can remember I've been drawing, so going towards illustration was only a natural path. Illustration has been a means of expressing my thoughts as a woman and escaping into trippy, psychedelic worlds.

How would you define your style?
My illustrations are soaked in psychedelic tones and bursts of colors. My work is reminiscent of the hippie era and inspired by the vivid Pakistani culture and textiles, consuming gradients and a lot of pen work.

¿Qué es para ti la ilustración?
Dibujo desde que tengo uso de razón, así que es normal que me haya dedicado a la ilustración, una labor que me ayuda a expresa mis pensamientos como mujer y escapar a unos mundos disparatados y psicodélicos.

¿Define tu estilo?
Mis ilustraciones están cargadas de tonos psicodélicos y de estallidos de colores, recordando en muchos casos al período hippie e inspiradas en la cultura y los textiles paquistaníes (de gran viveza), en degradados un gran trabajo con el bolígrafo.

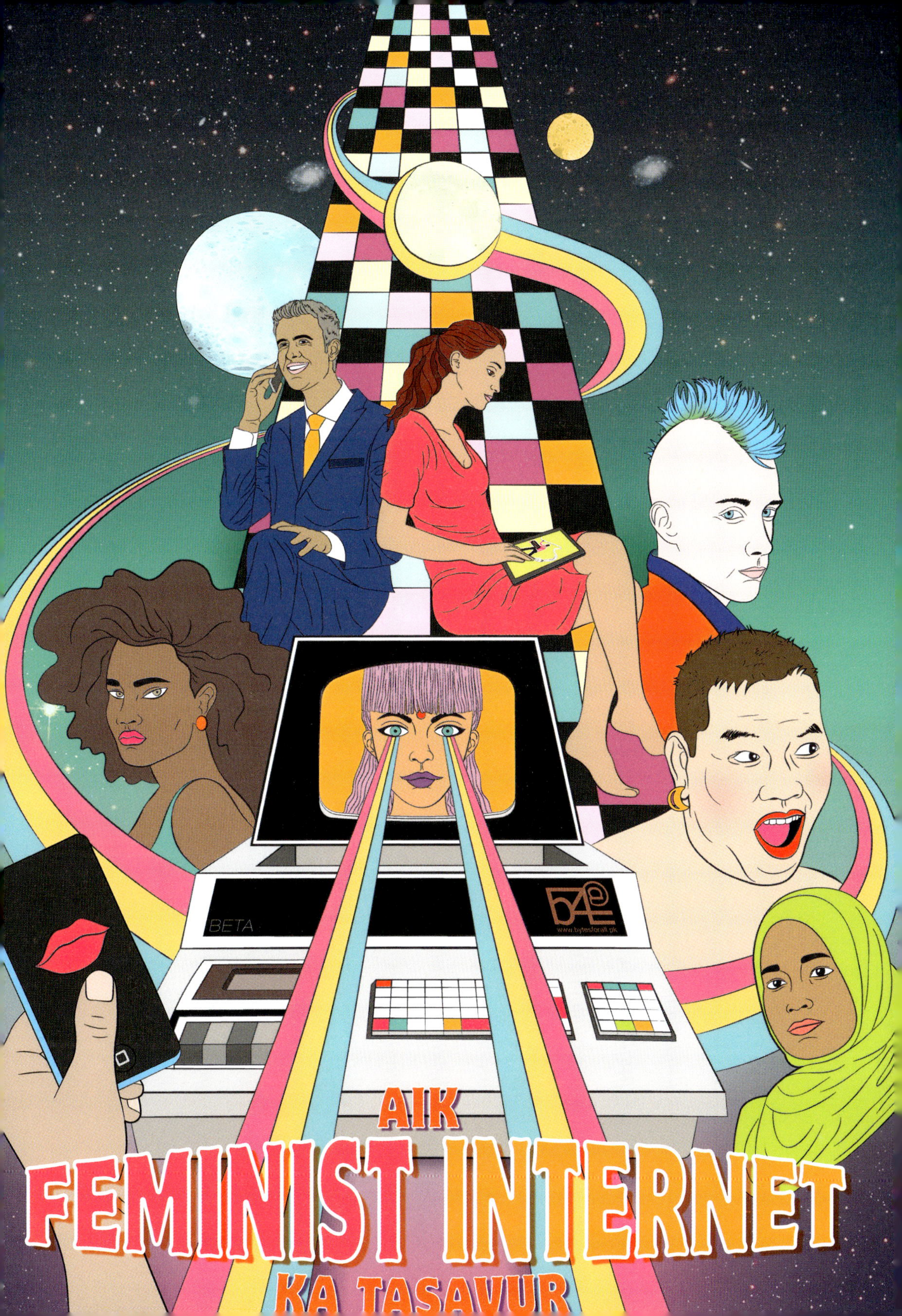
BETA
www.bytesforall.pk
AIK
FEMINIST INTERNET
KA TASAVUR

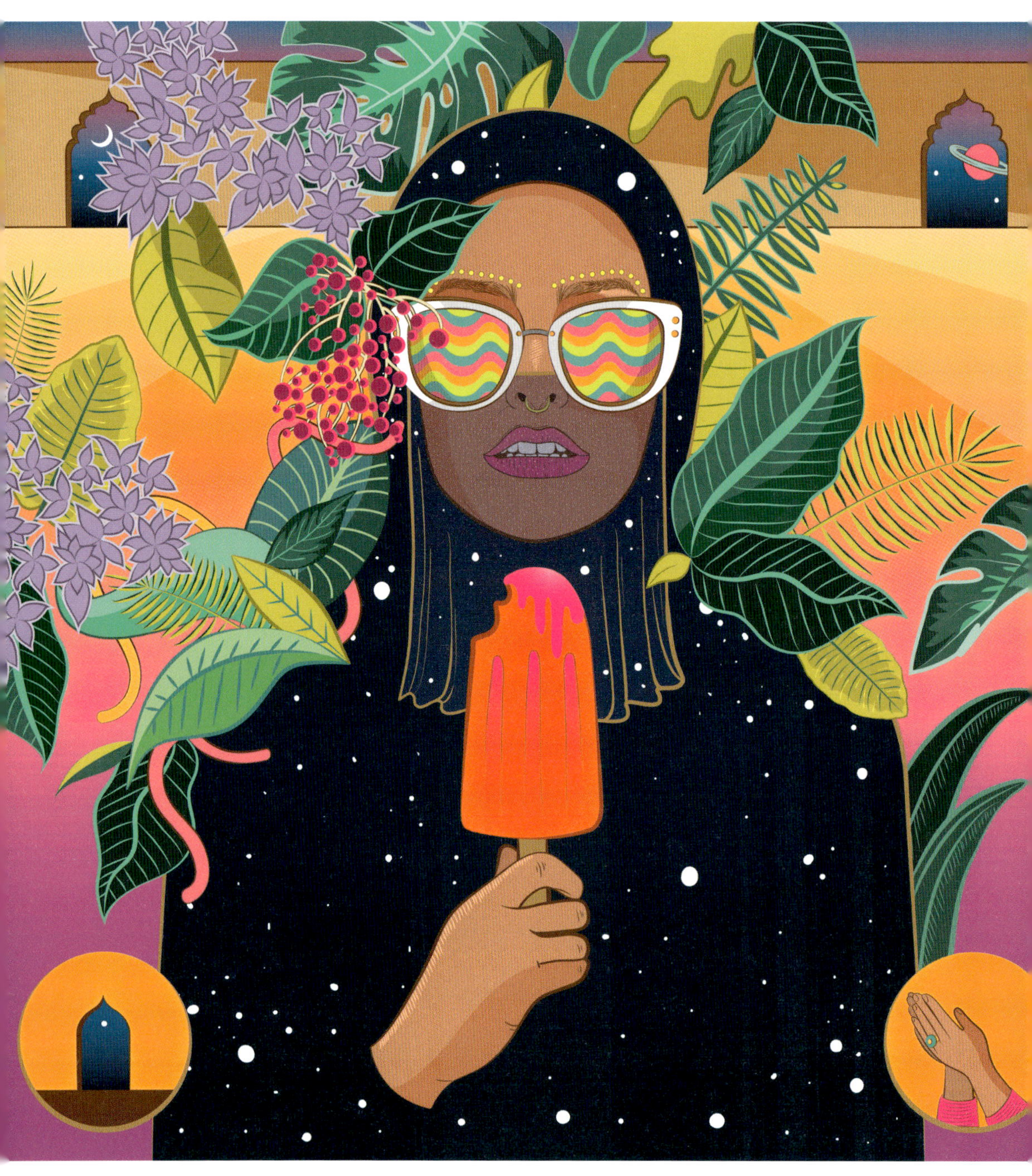

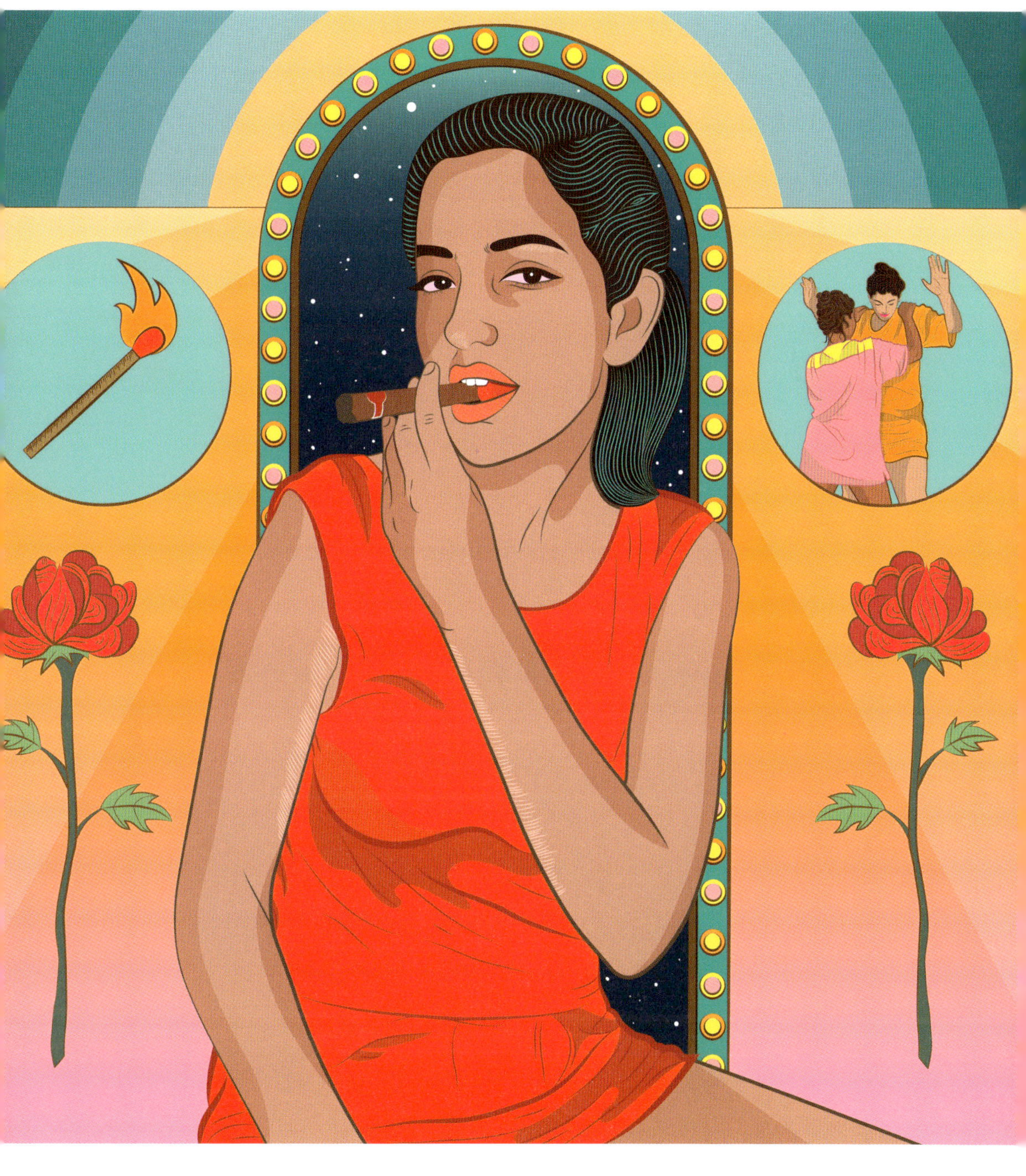

MALIKA FAVRE

www.malikafavre.com
Instagram: @malikafavre

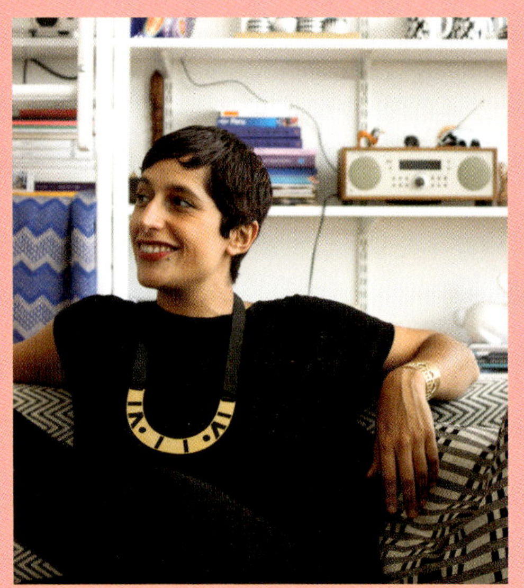

What does illustration mean to you?
The beautiful thing about illustration is that you are only limited by your own imagination. Today, this medium allows me to tell very complex stories by using visual metaphors, by playing with positive and negative space and by balancing colours and shapes. I use Illustration to share the way I look at the world and as such it is a very personal thing.

How would you define your style?
Bold, minimalistic, playful and sexy.

¿Qué es para ti la ilustración?
Lo bonito de la ilustración es que el único límite es la imaginación. Hoy en día, este medio me permite contar historias de lo más complejas utilizando metáforas visuales, jugando con el espacio positivo y negativo, y equilibrando formas y colores. La ilustración es para mí una forma de compartir mi manera de ver el mundo; por eso me parece algo muy persona

¿Define tu estilo?
Audaz, minimalista, juguetón y sexy.

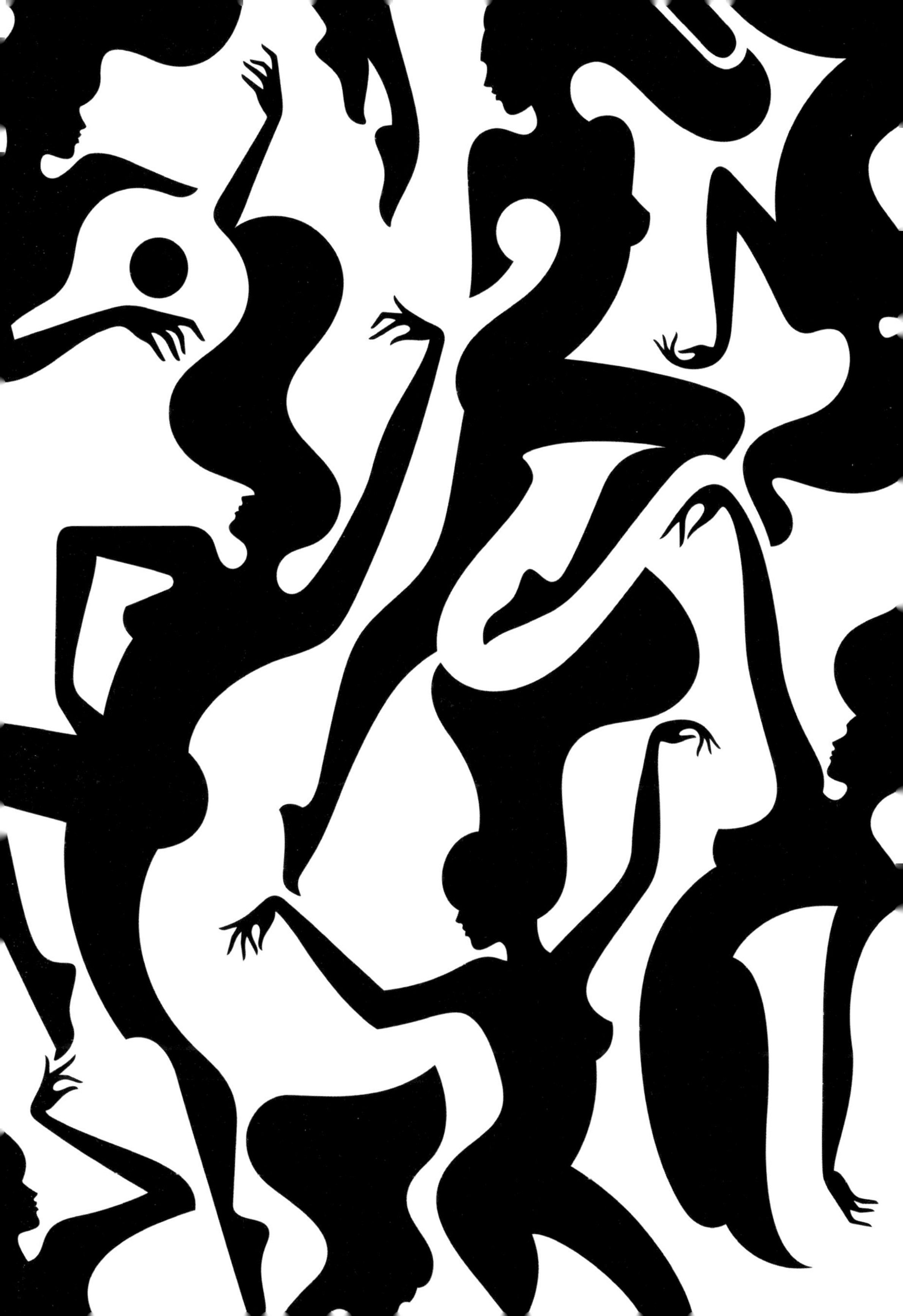

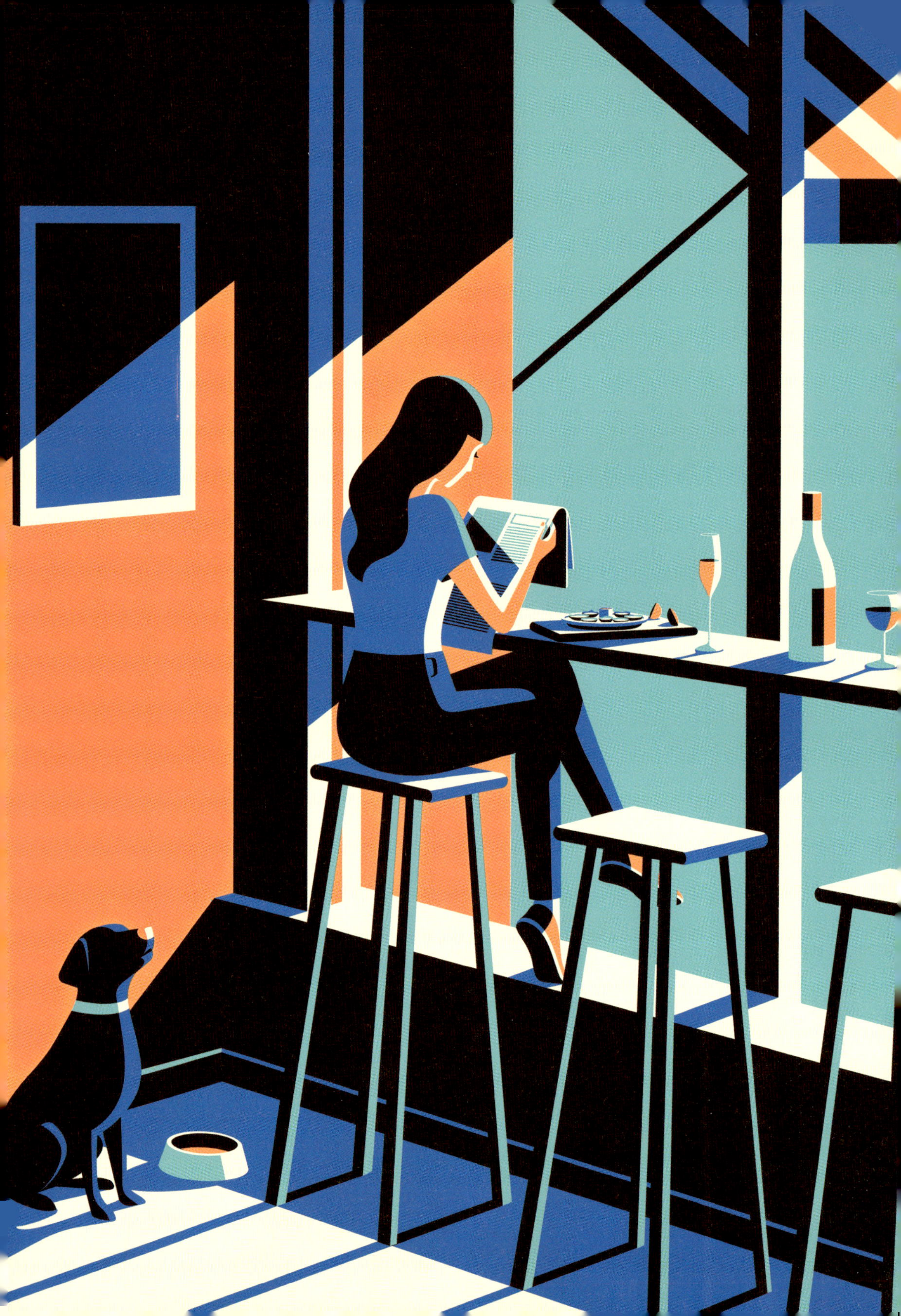

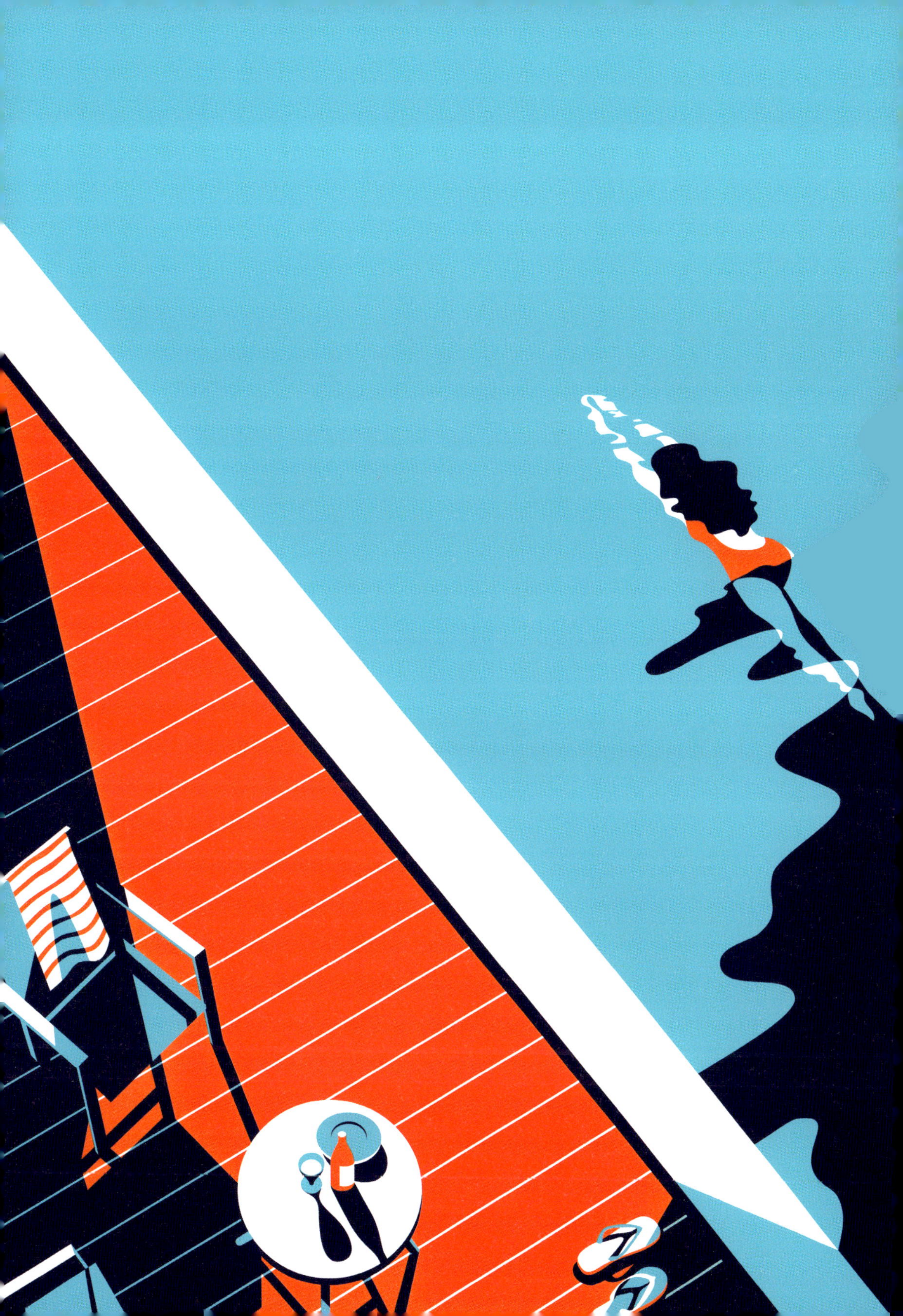

MARYLOU FAURE

www.maryloufaure.com
Instagram: @maryloufaure

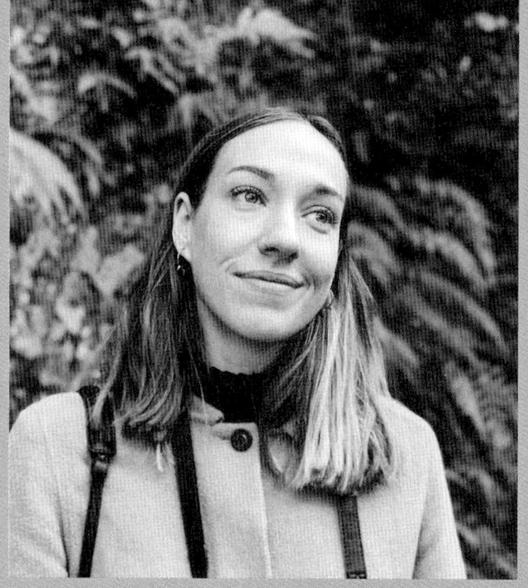

What does illustration mean to you?
Illustration is a way for me to express myself freely, in a very fun and honest way. It allows me to visualise my thoughts in a colourful and playful way :)

How would you define your style?
I would describe it as very happy, cheerful and cheeky with a bold, vibrant colour palette.

¿Qué es para ti la ilustración?
La ilustración es para mí una forma de expresarme libremente, de una manera muy divertida y honesta, permitiéndome visualizar mis pensamientos de forma colorida y alegre :)

¿Define tu estilo?
Yo lo describiría como muy alegre, optimista y descarado, con una paleta de colores atrevida y vibrante.

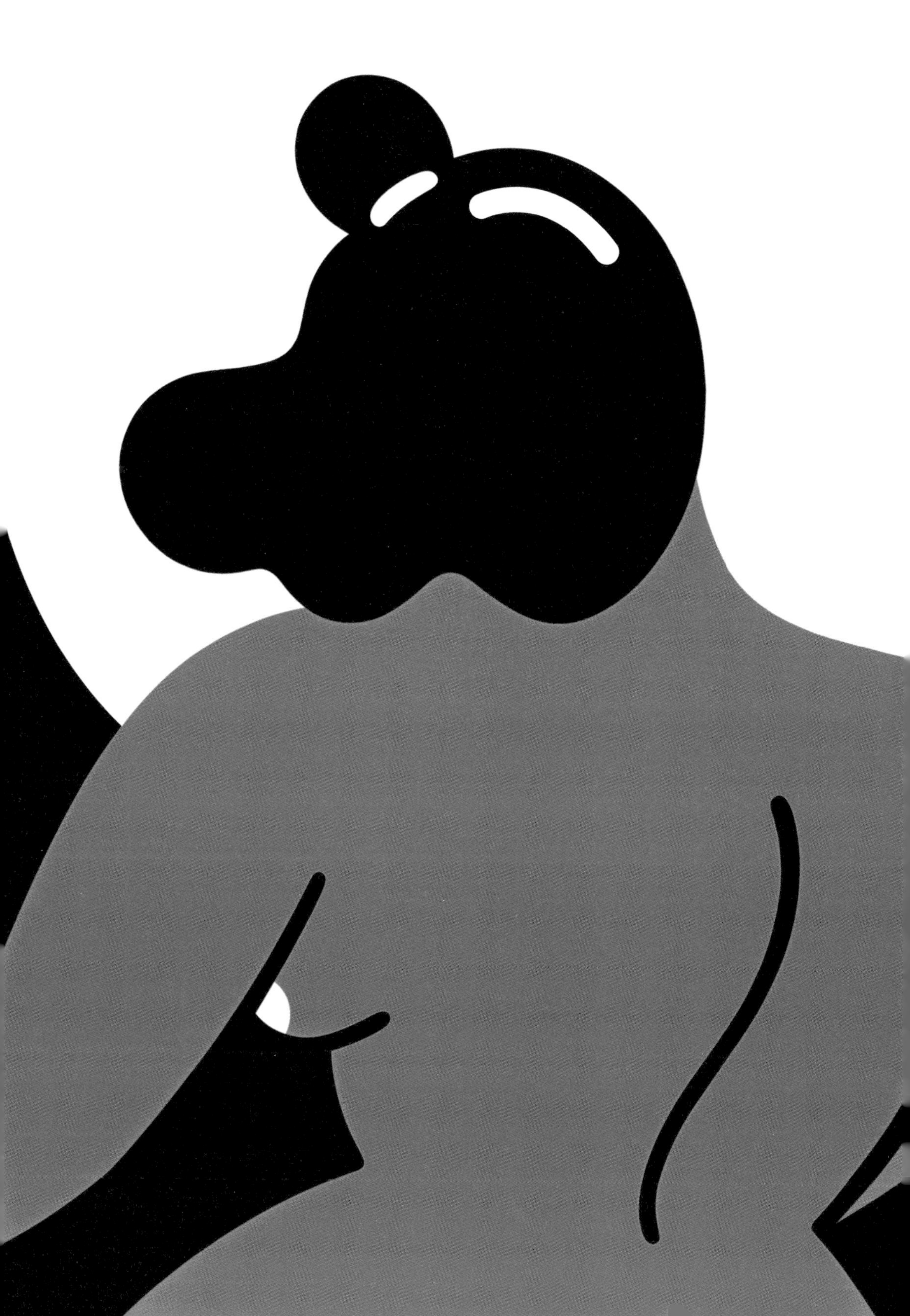

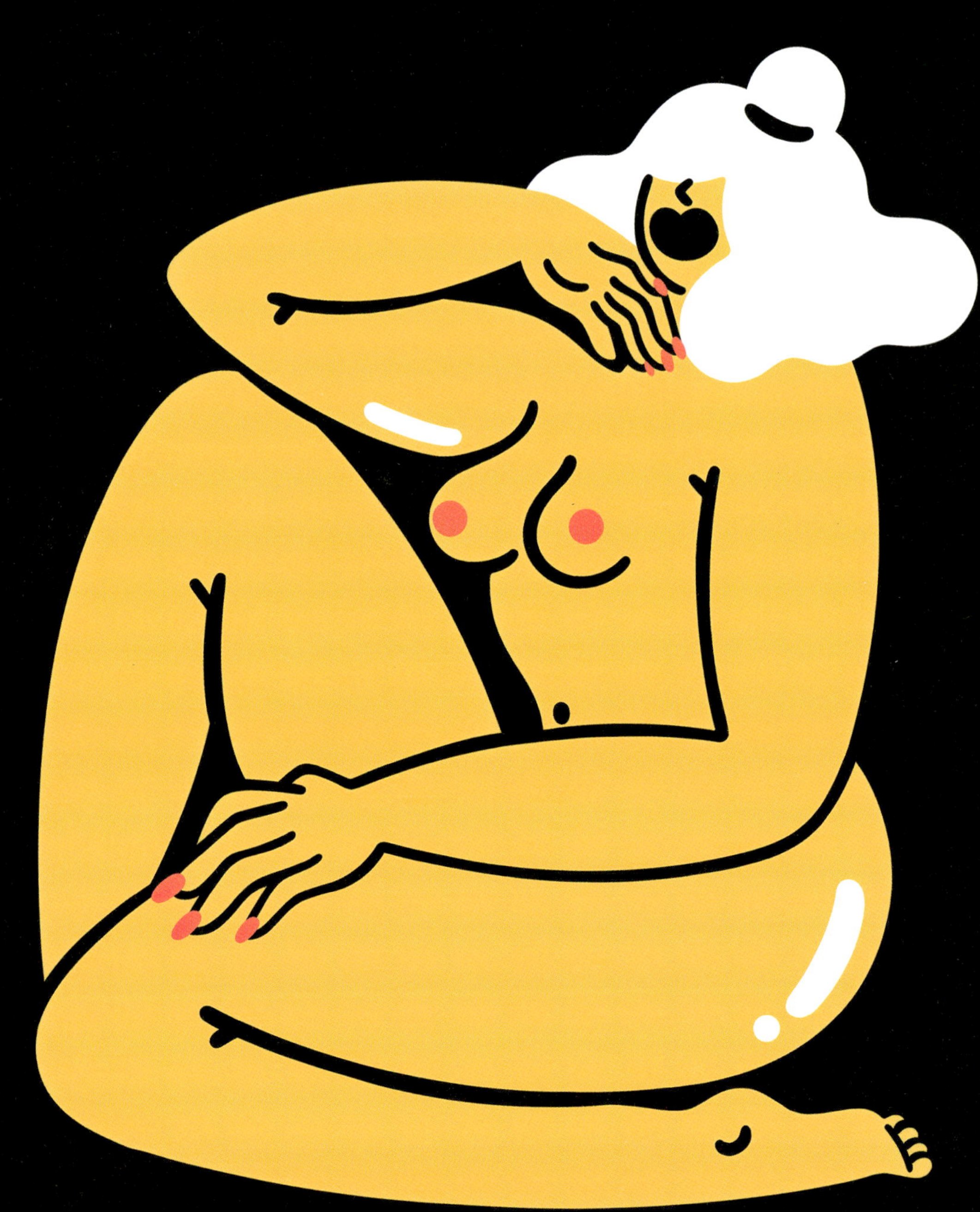

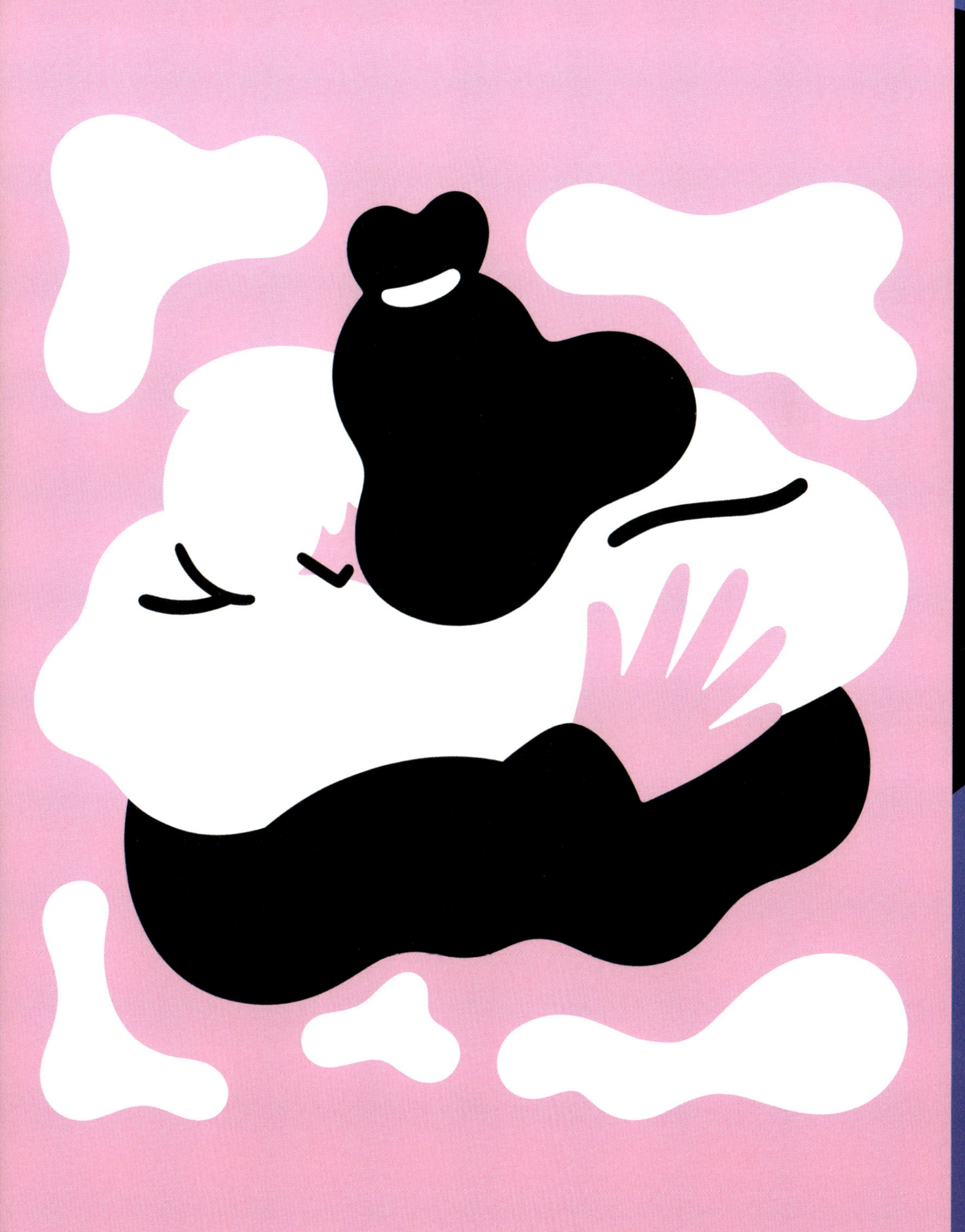

CAMILA ROSA

www.camilarosa.net
Instagram: @camixvx
Facebook: @camixvx

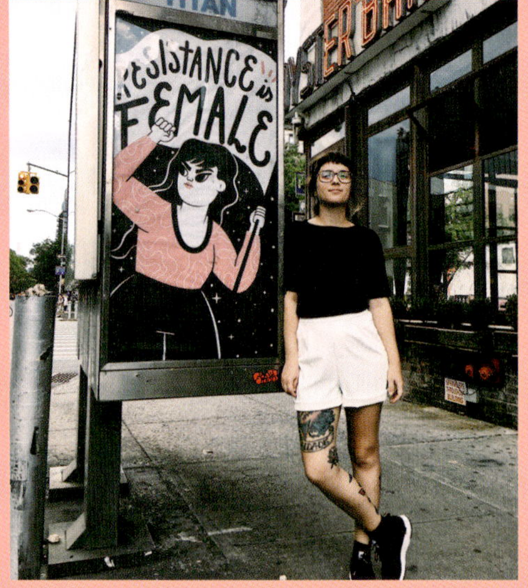

What does illustration mean to you?
Illustration is the way I found to expose my ideas to the world and to feel more useful to the society as a political being. That's why I like to draw about political issues, to use my work to spread some ideas and to help people to open their mind to some problems that we have in our society.

How would you define your style?
For me, it's very hard to define my style. I think it's a mix of everything I love. I like to use bold colors, straight lines and shapes, always trying to put women as the principal element of the illustration.

¿Qué es para ti la ilustración?
La ilustración es la forma que encontré para exponer mis ideas al mundo y para sentirme más comprometida con la sociedad y los temas actuales. Es por eso que me gusta dibujar sobre temas políticos, usar mi trabajo para difundir algunas ideas y ayudar a las personas a abrir sus mentes a algunos problemas que tenemos en nuestra sociedad.

¿Define tu estilo?
Para mí, es muy difícil definir mi estilo; creo que es una mezcla de todo lo que amo. Me gusta usar colores vivos, líneas rectas y formas, siempre tratando de poner a las mujeres como el elemento principal de la ilustración.

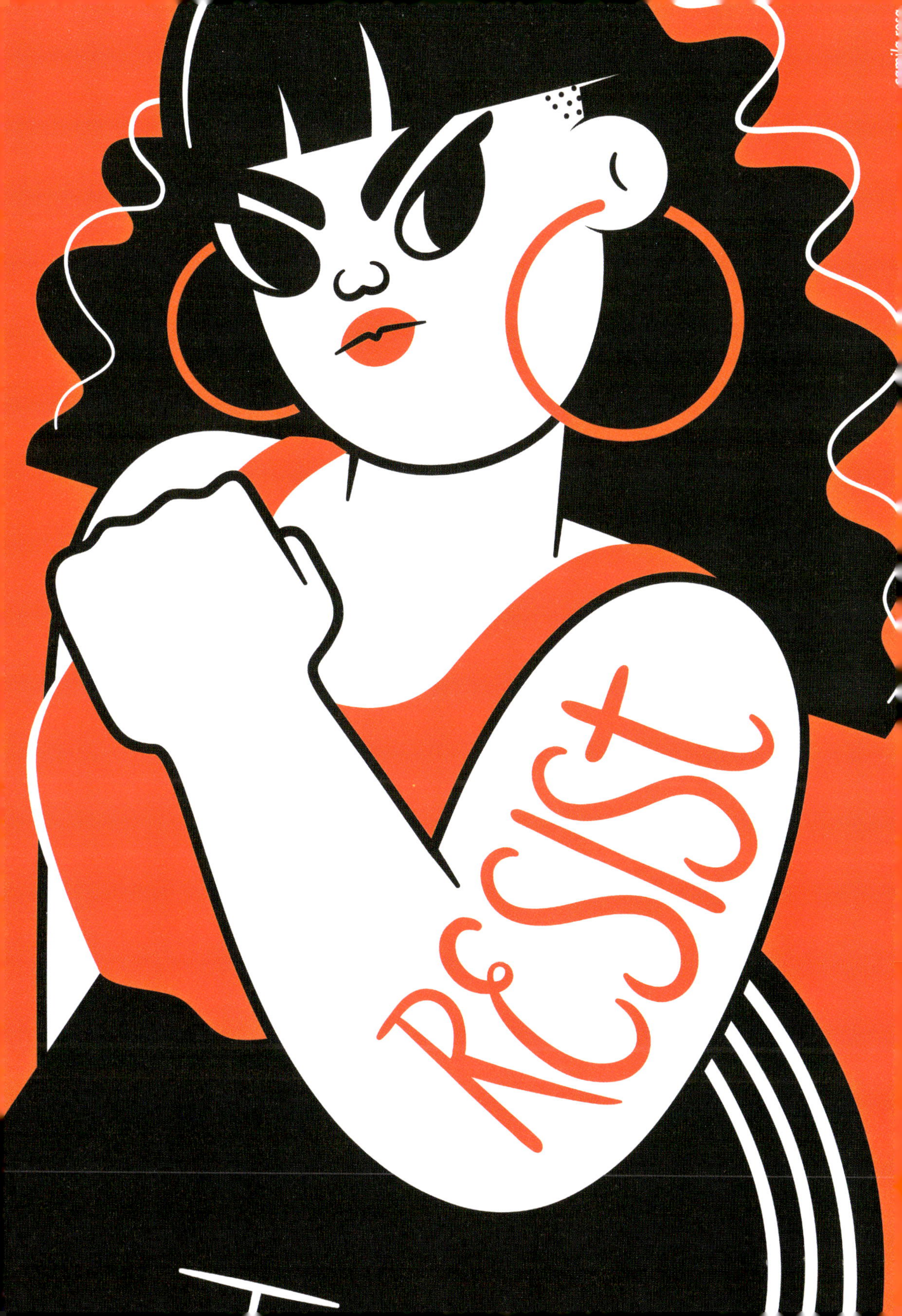
RESIST

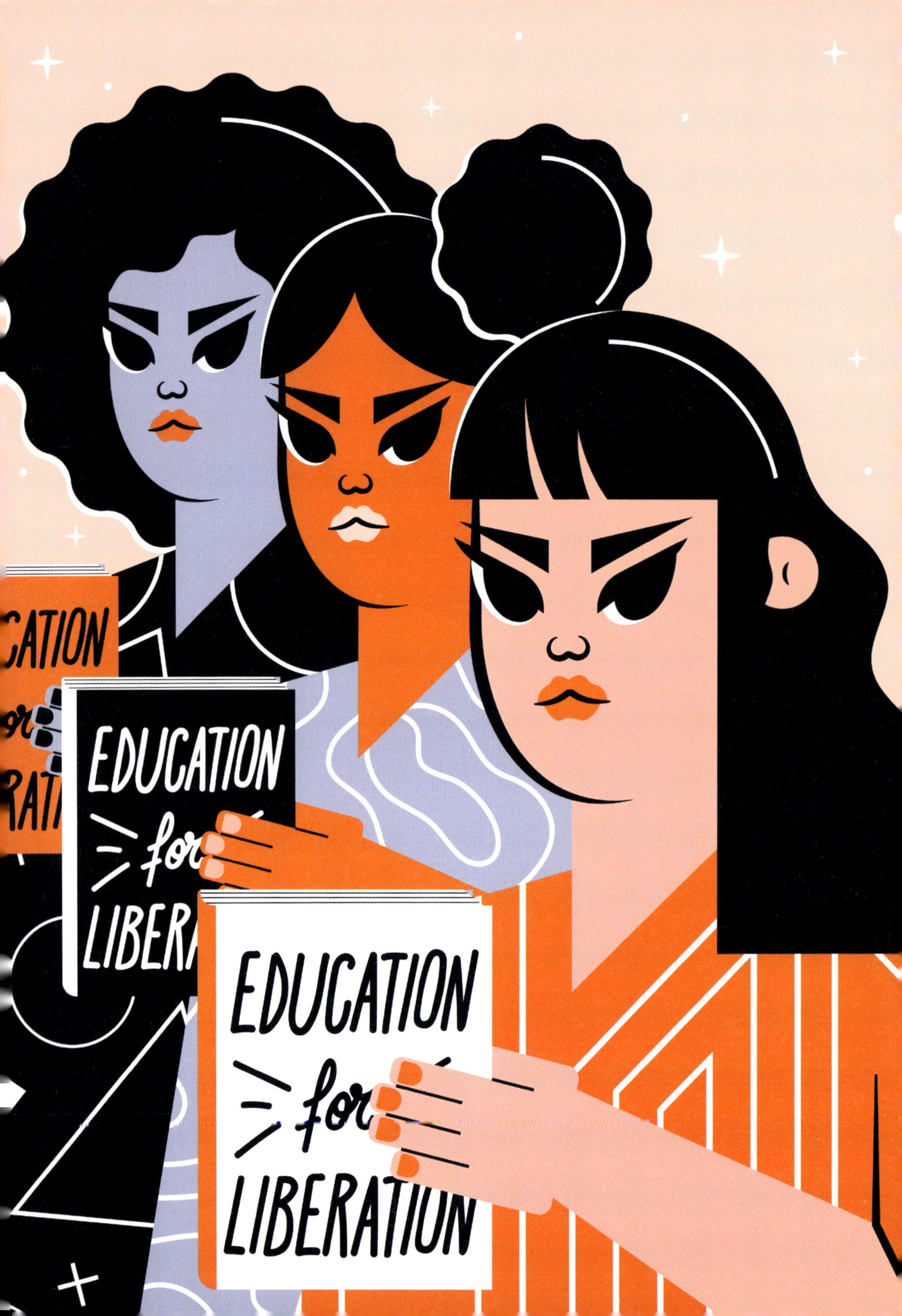
EDUCATION
for
LIBERATION
EDUCATION

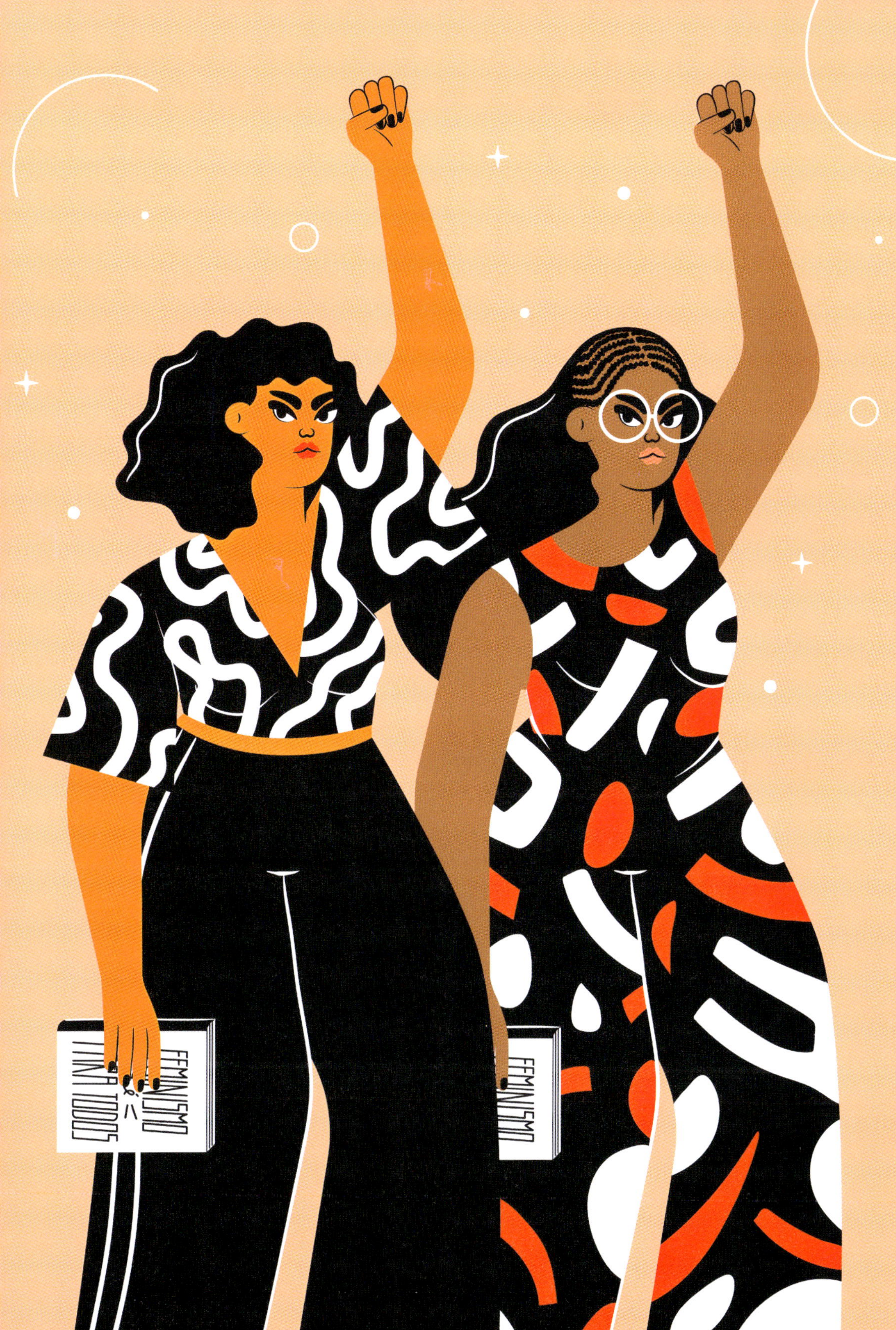
FEMINISMO
TODOS
FEMINISMO

EMILY ELDRIDGE

www.emilyeldridge.com
Instagram: @emily_eldridge_art
Facebook: @Emily.Eldridge.Illustration
Behance: www.behance.net/EmilyEldridge

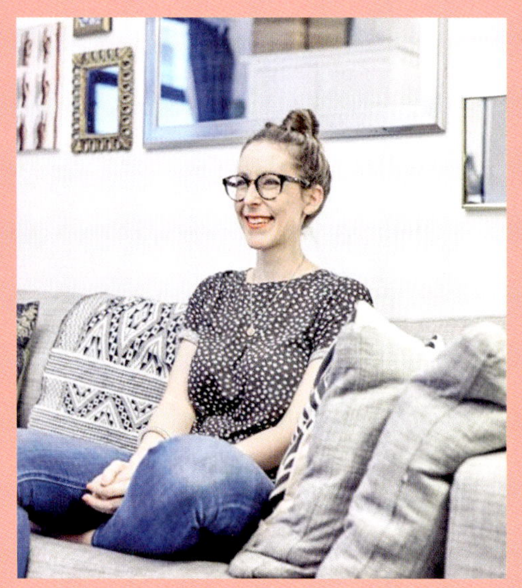

What does illustration mean to you?
To me, illustration is making art that everyone can enjoy, no matter how young or old.
It can literally be applied to everything - walls, packaging, book covers, t-shirts, posters, you name it!
I love that it's a way to make the world more beautiful.

How would you define your style?
My style is full of curved lines and shapes with a bright, bold color palette. I frequently draw female figures, flowers, plants, and patterns, with a fun and humorous twist.

¿Qué es para ti la ilustración?
Para mí, la ilustración consiste en hacer un arte del que todo el mundo pueda disfrutar, con independencia de su edad.
La ilustración puede aplicarse literalmente a todo: paredes, paquetes, portadas de libros, camisetas, pósteres; ¡lo que uno quiera!
Me encanta que se trate de una forma de hacer del mundo un lugar más hermoso.

¿Define tu estilo?
Mi estilo está repleto de líneas y formas curvas con una paleta de colores vivos y atrevidos. Suelo dibujar figuras femeninas, flores, plantas y estampados, con un toque divertido y humorístico.

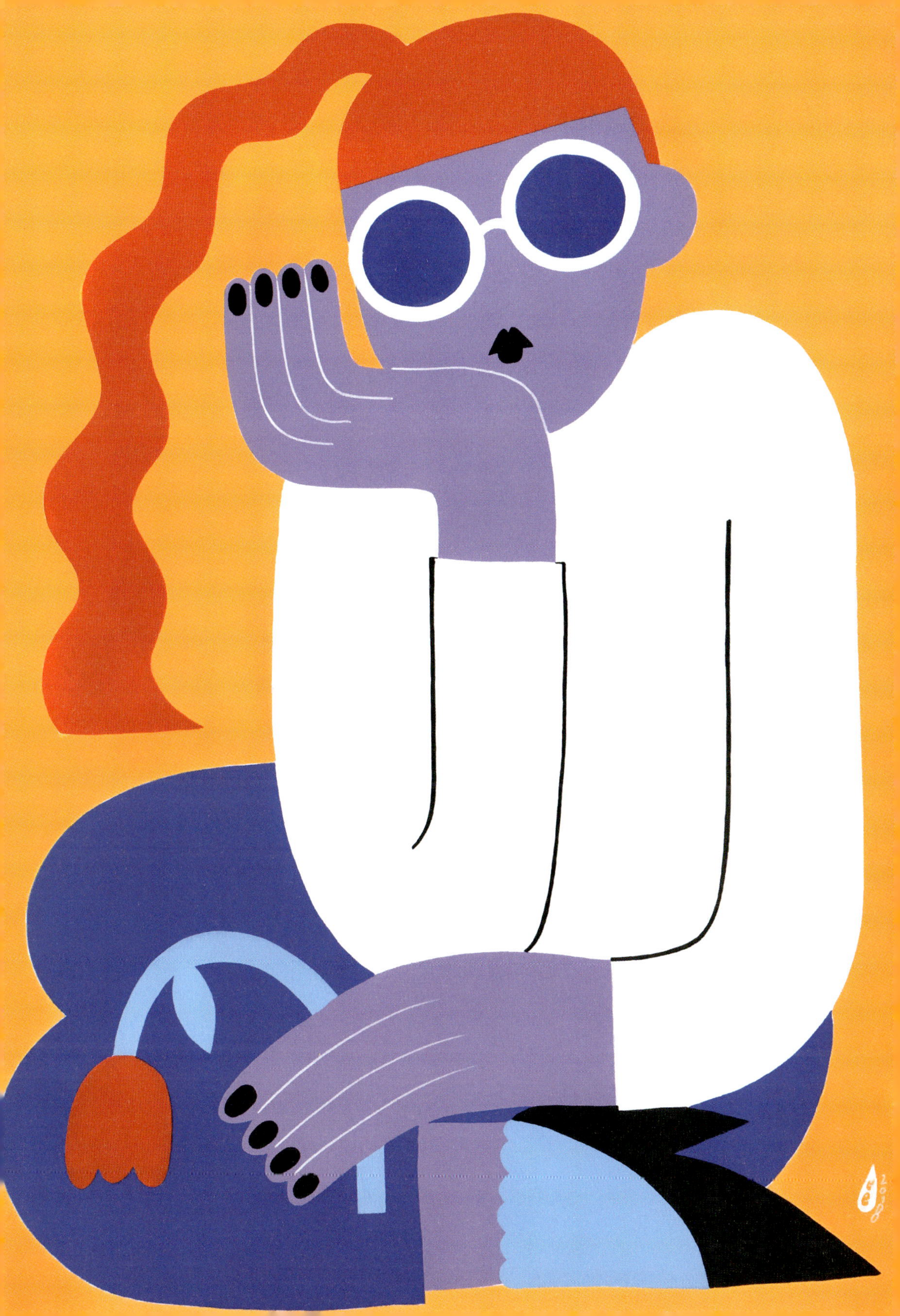

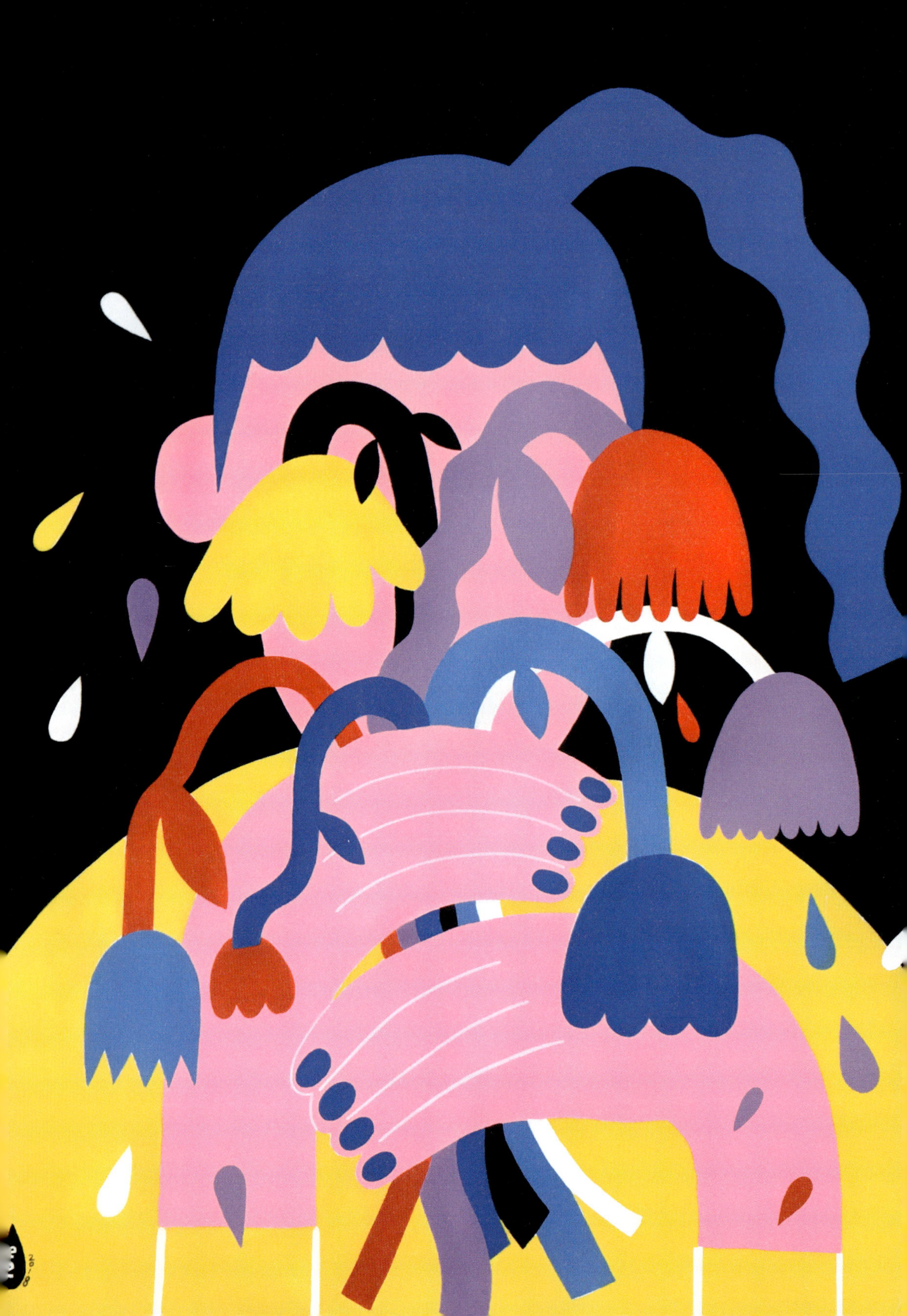

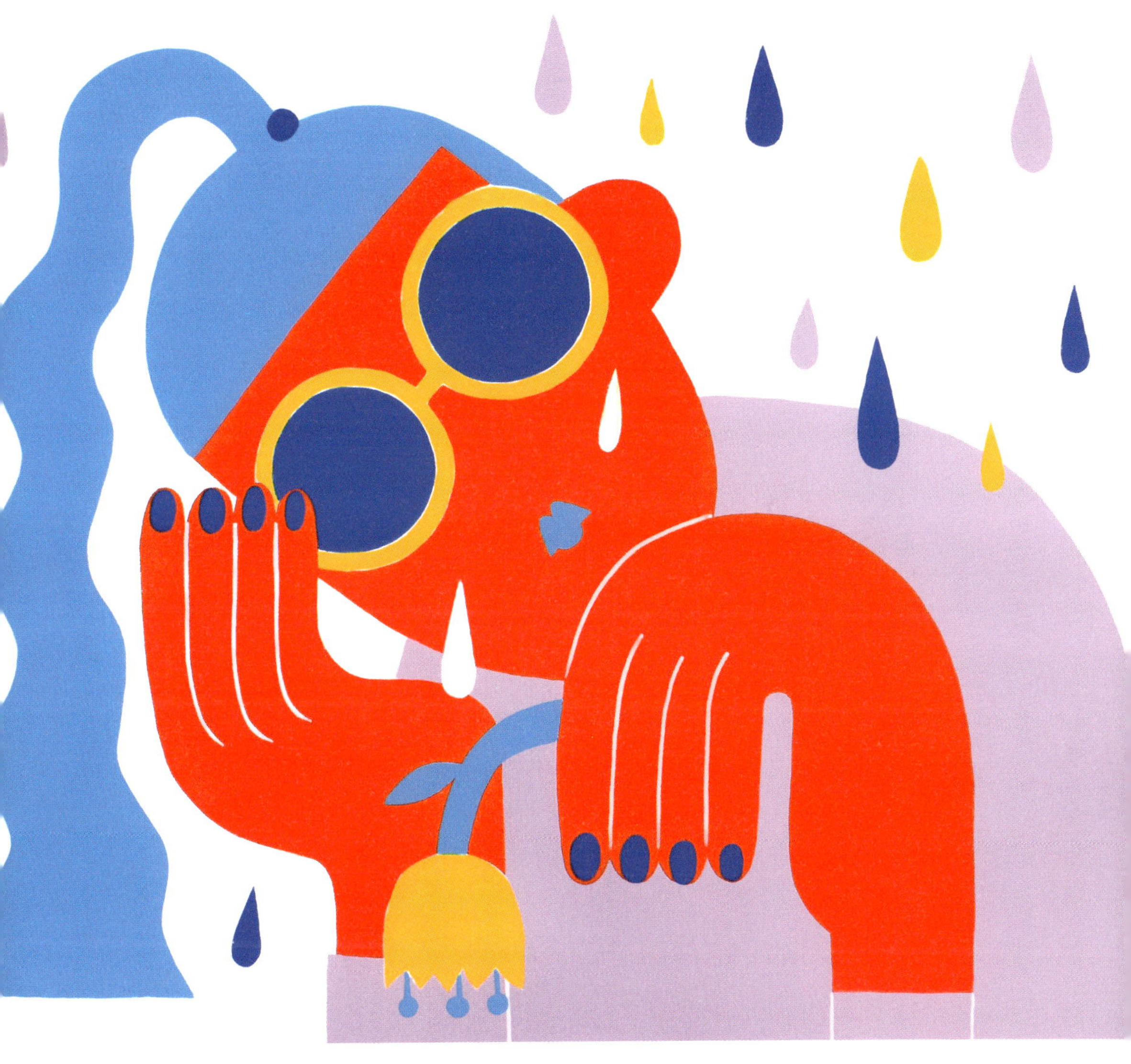

FRAN MENESES

www.frannerd.etsy.com
Instagram: @frannerd
Twitter: @frannerd
www.youtube.com/user/frannerd13
www.patreon.com/frannerd

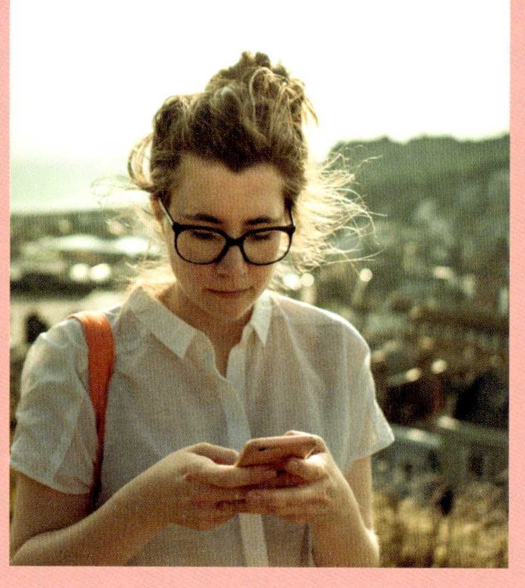

What does illustration mean to you?
To me, illustration is the artistic medium in which we can explain, teach and express situations, processes, movements and emotions.

How would you define your style?
Reflexions on every day life.

¿Qué es para ti la ilustración?
Para mi la ilustración es el medio artístico en el cual podemos explicar, enseñar y expresar situaciones, procesos, movimientos y emociones.

¿Define tu estilo?
Cotidiano y reflexivo.

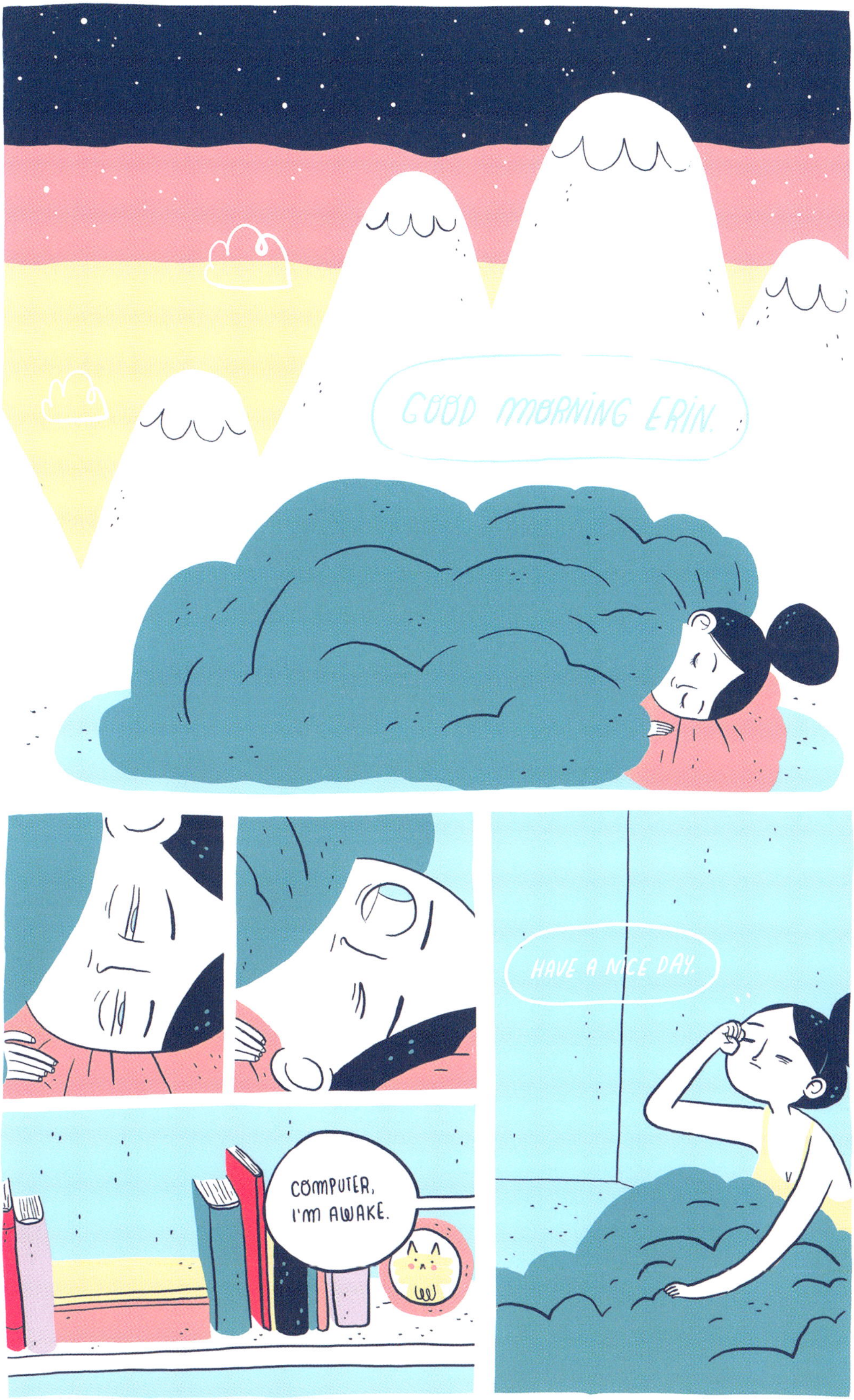

GOOD MORNING ERIN.

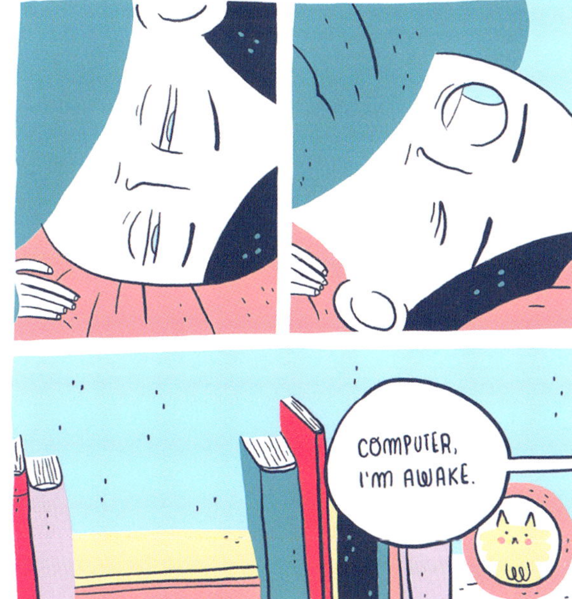

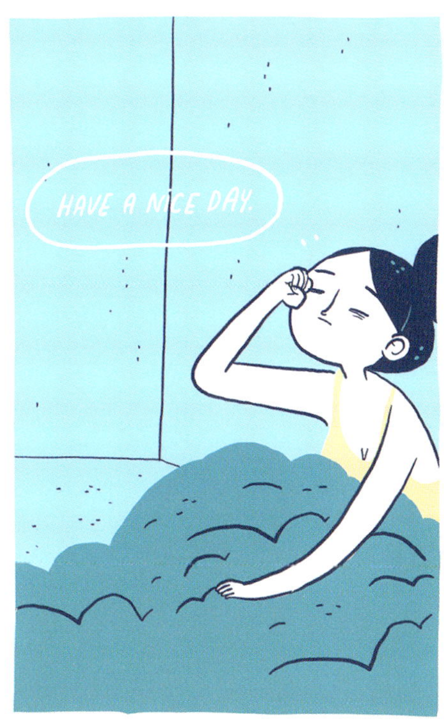

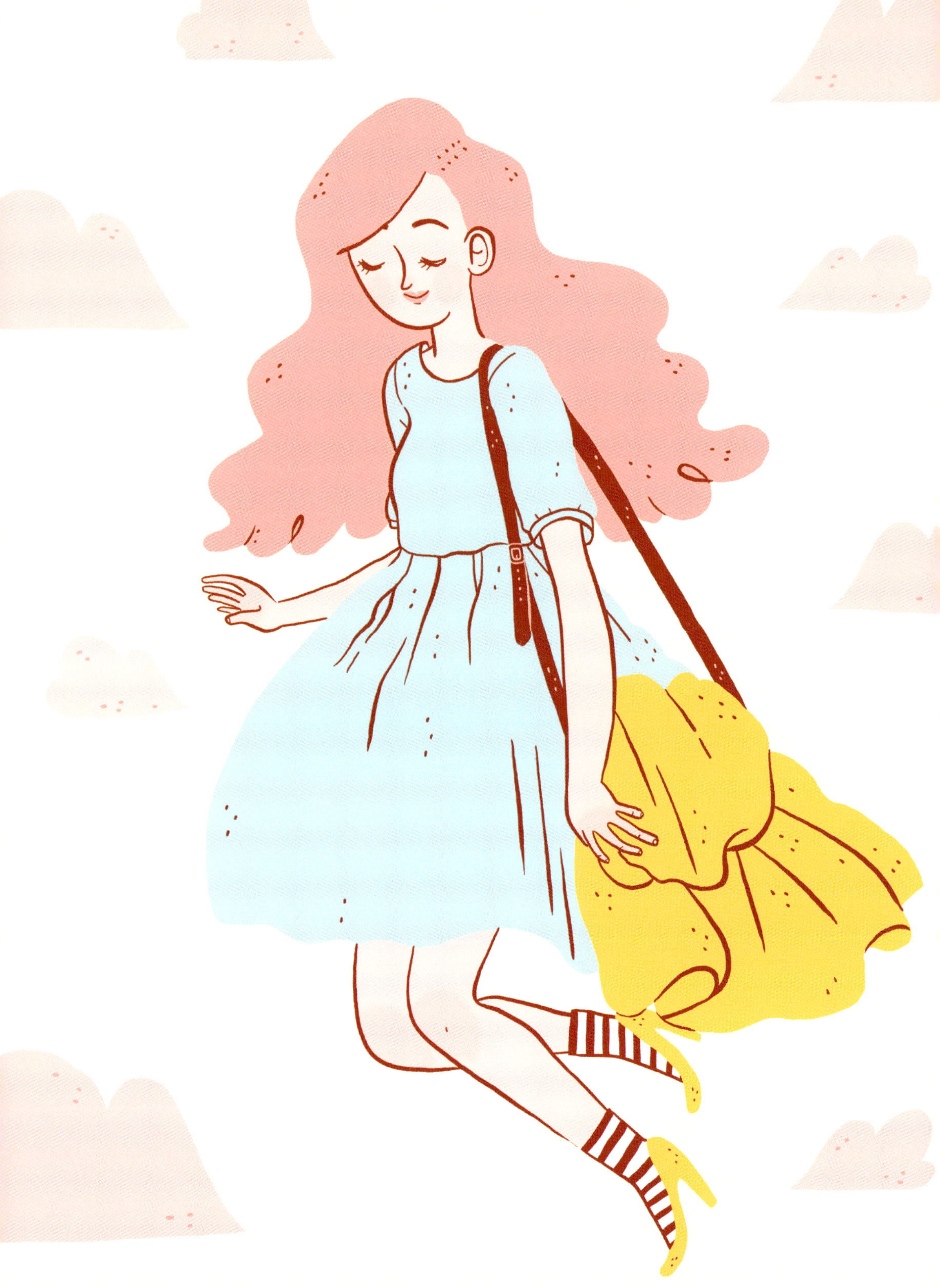

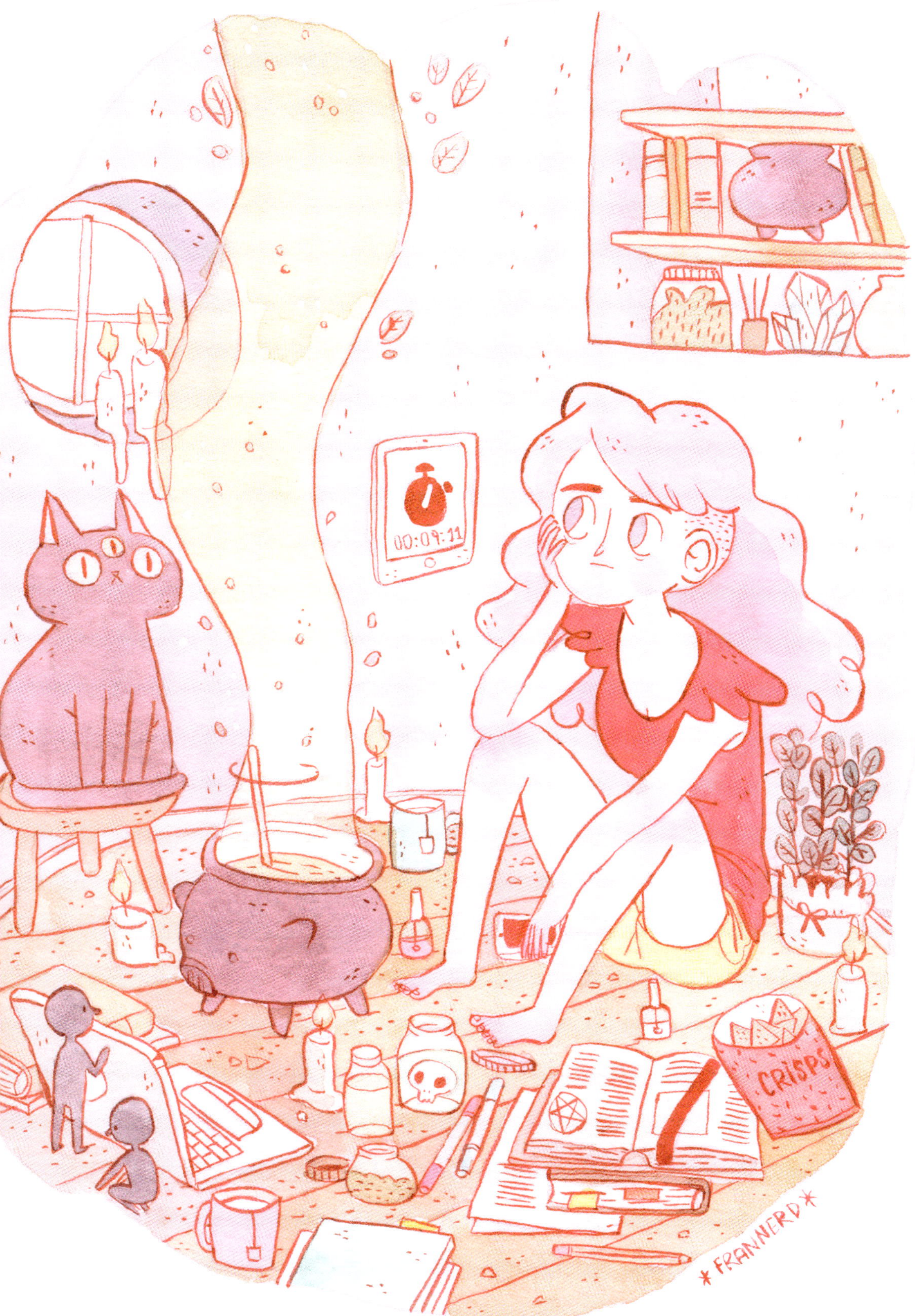
00:09:11
CRISPS
FRANNERD

NAOSHI

www.nao-shi.com
Instagram: @naoshisunae
Facebook: @sunae.naoshi

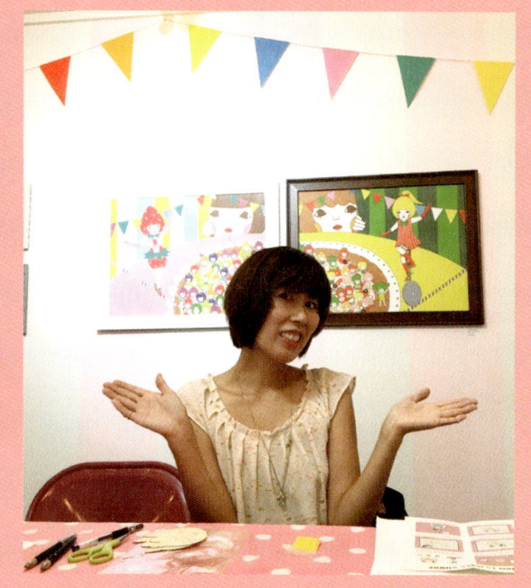

What does illustration mean to you?
Create surreal people in fantastical world, that inspire a more whimsical perspective of life.

How would you define your style?
Pop and whimsical.

¿Qué es para ti la ilustración?
Creo personajes surrealistas en un mundo fantástico, que inspiran una perspectiva más caprichosa de la vida.

¿Define tu estilo?
Pop y caprichoso.

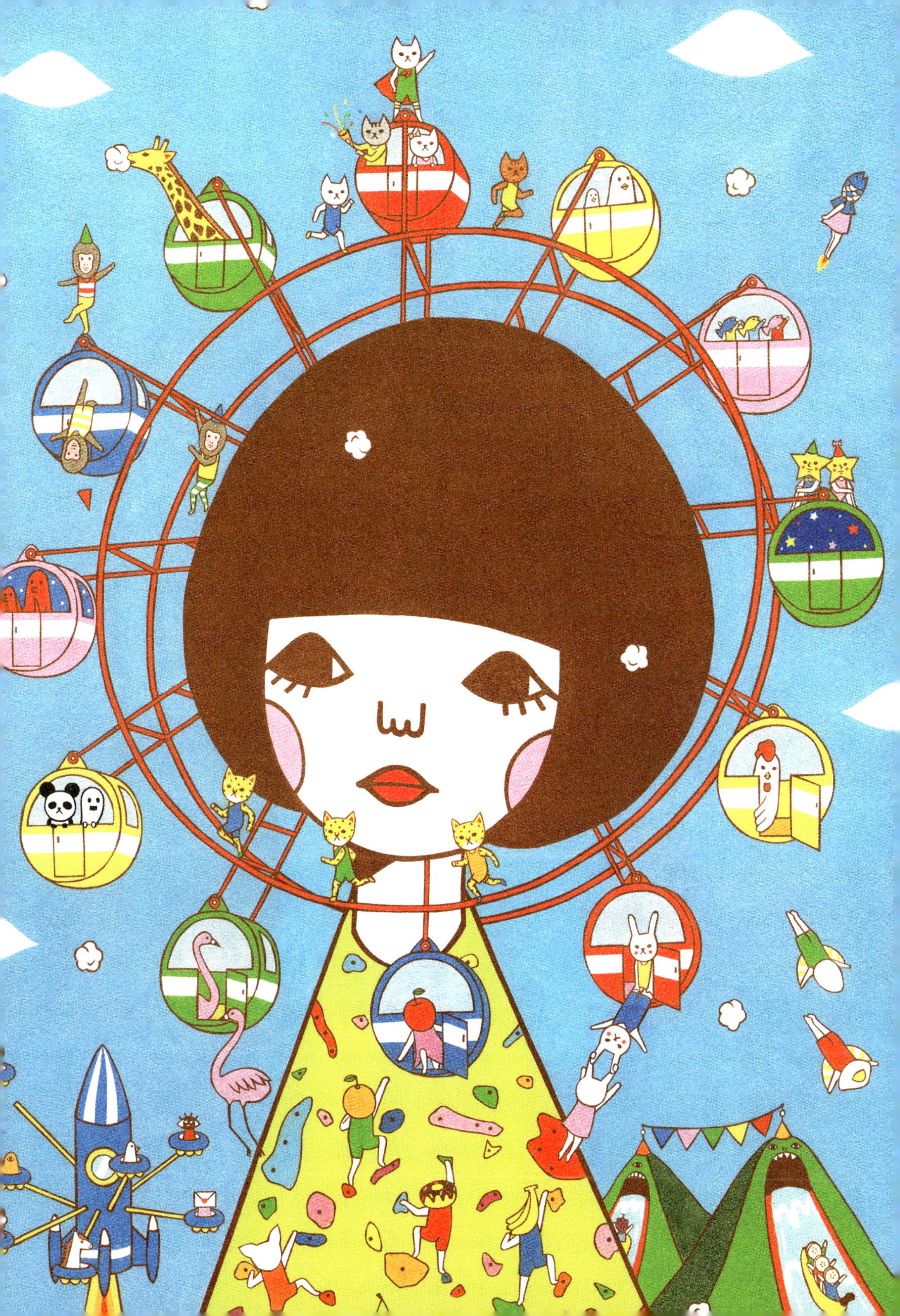

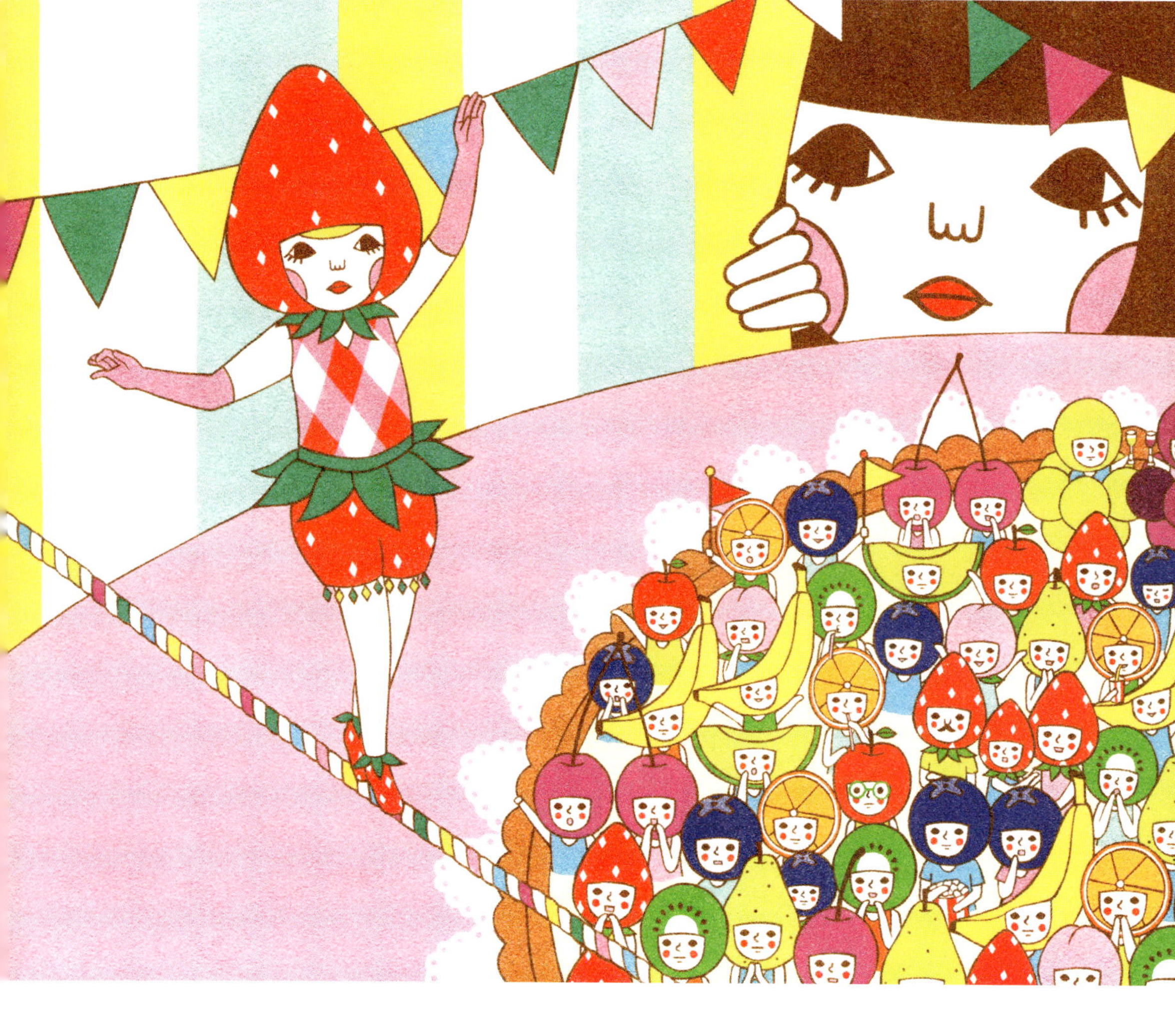

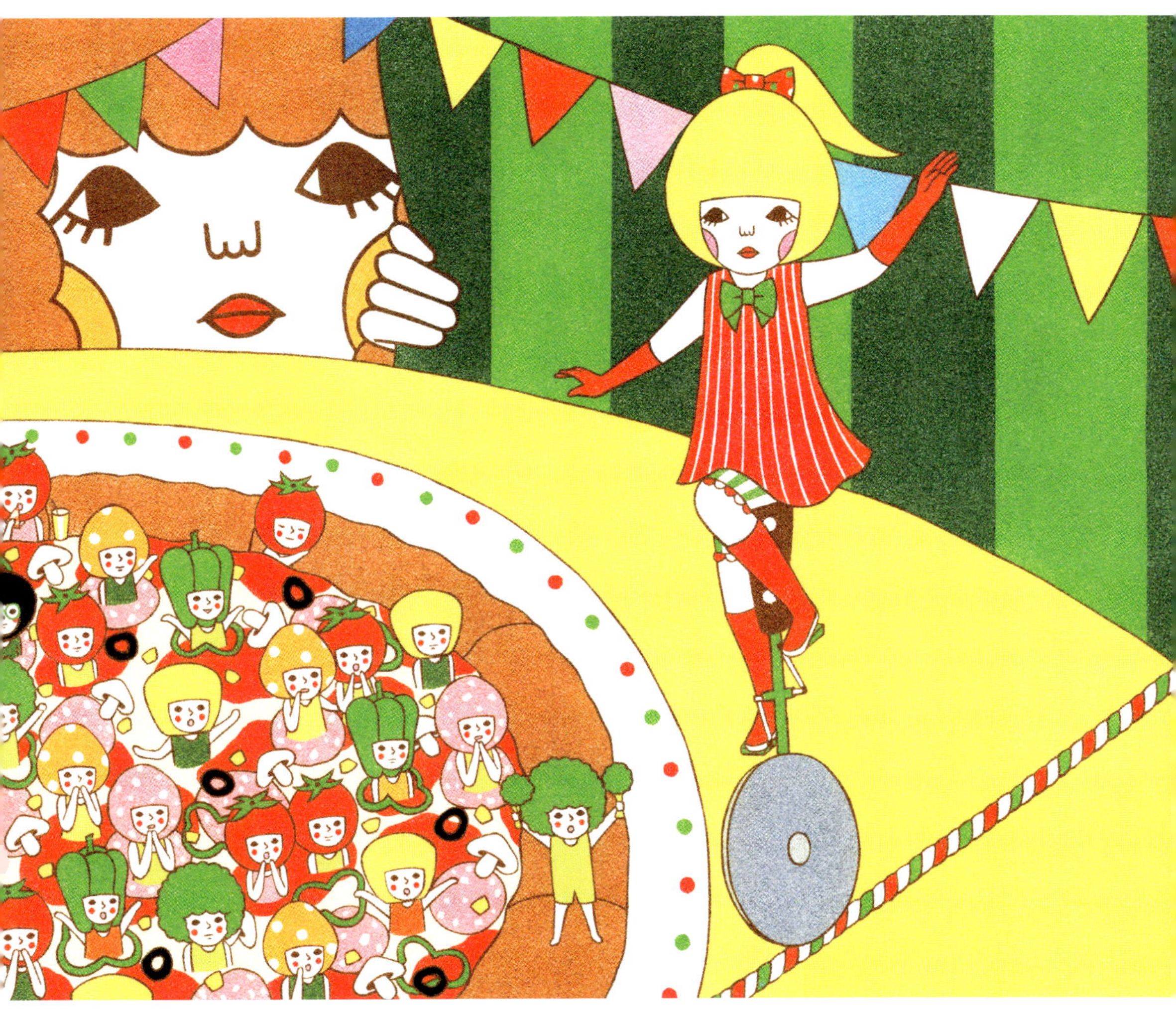

LAURA PEREZ

www.lauraperez.net
Instagram: @lauraperezgranel
Twitter: @lauraperezgr
Facebook: @Lauraperezgr

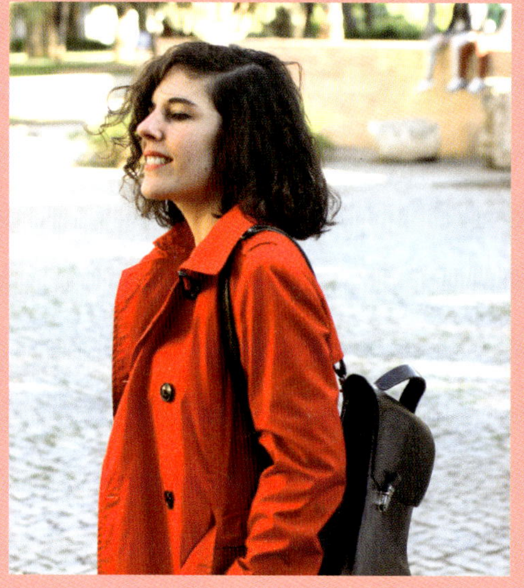

What does illustration mean to you?
For me, illustration is a connector of ideas and a transmitter of concepts.
You connect and show ideas.

How would you define your style?
Organic. It models itself as it goes along. It has a life of its own.

¿Qué es para ti la ilustración?
Para mí la ilustración es un conector de ideas transmisor de conceptos.
Conecta y muestra.

¿Define tu estilo?
Orgánico, va modelándose conforme avanzc
Tiene vida propia.

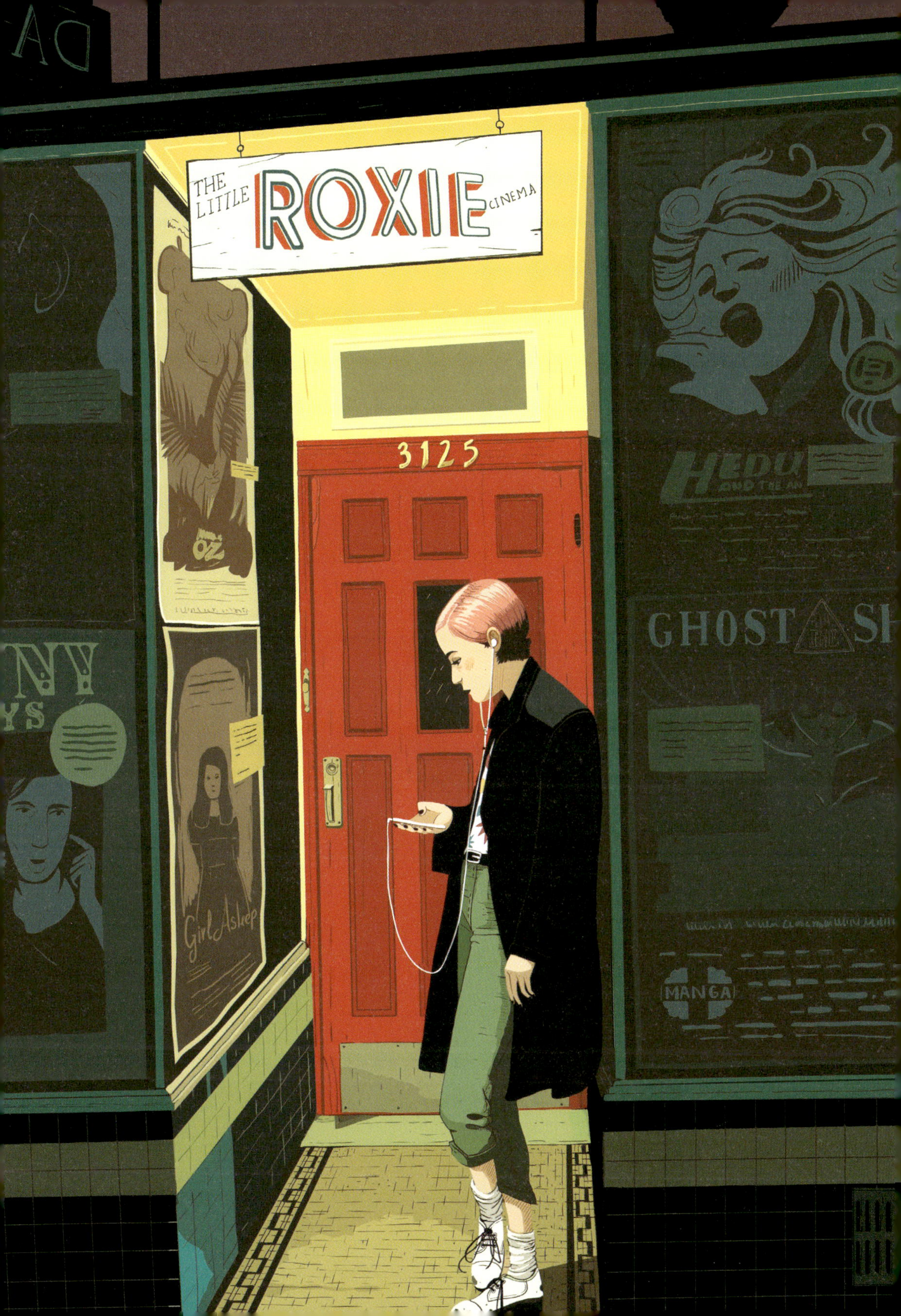
THE LITTLE ROXIE CINEMA
3125
GHOST
MANGA
Girl Asleep

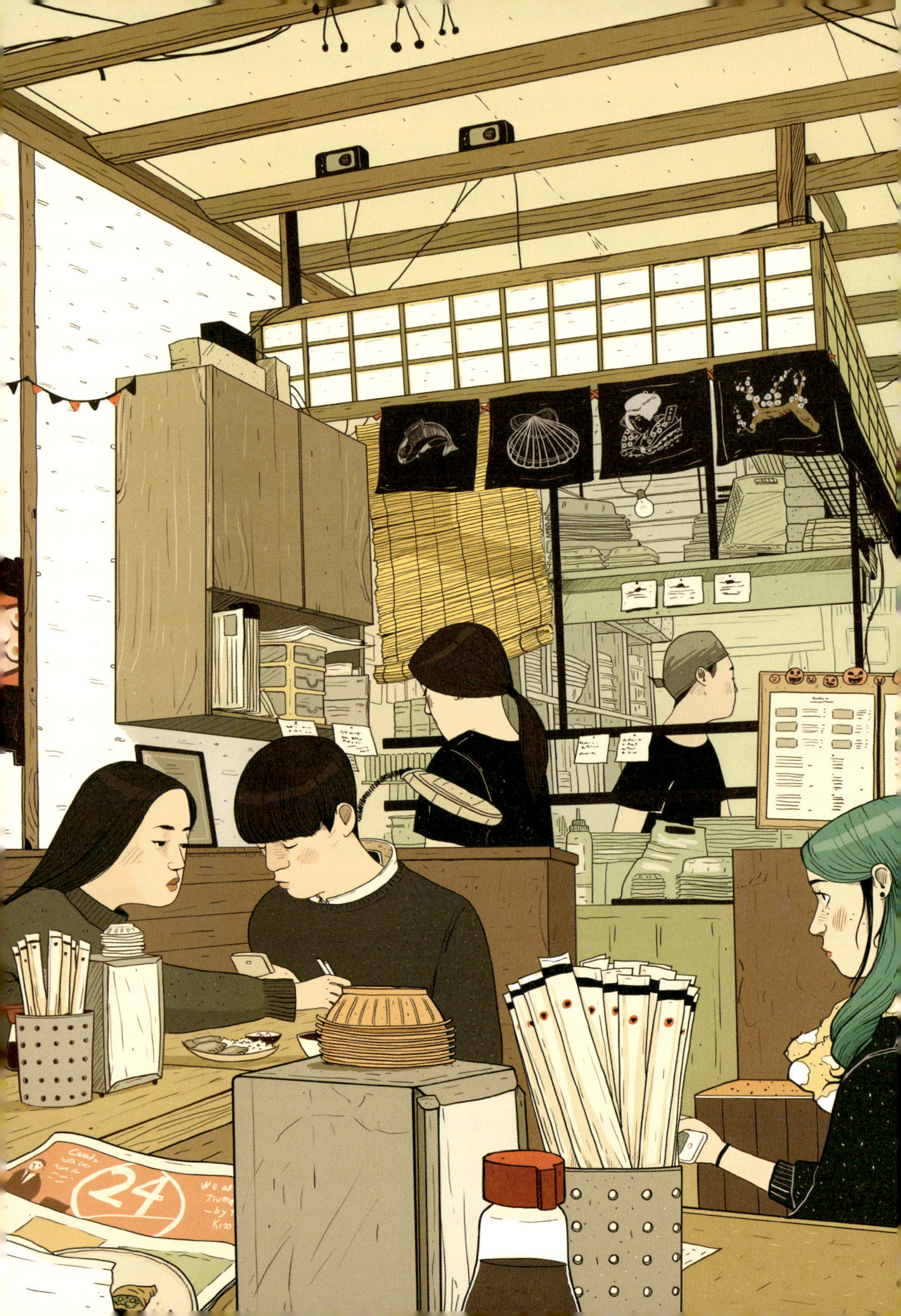
Canada
24

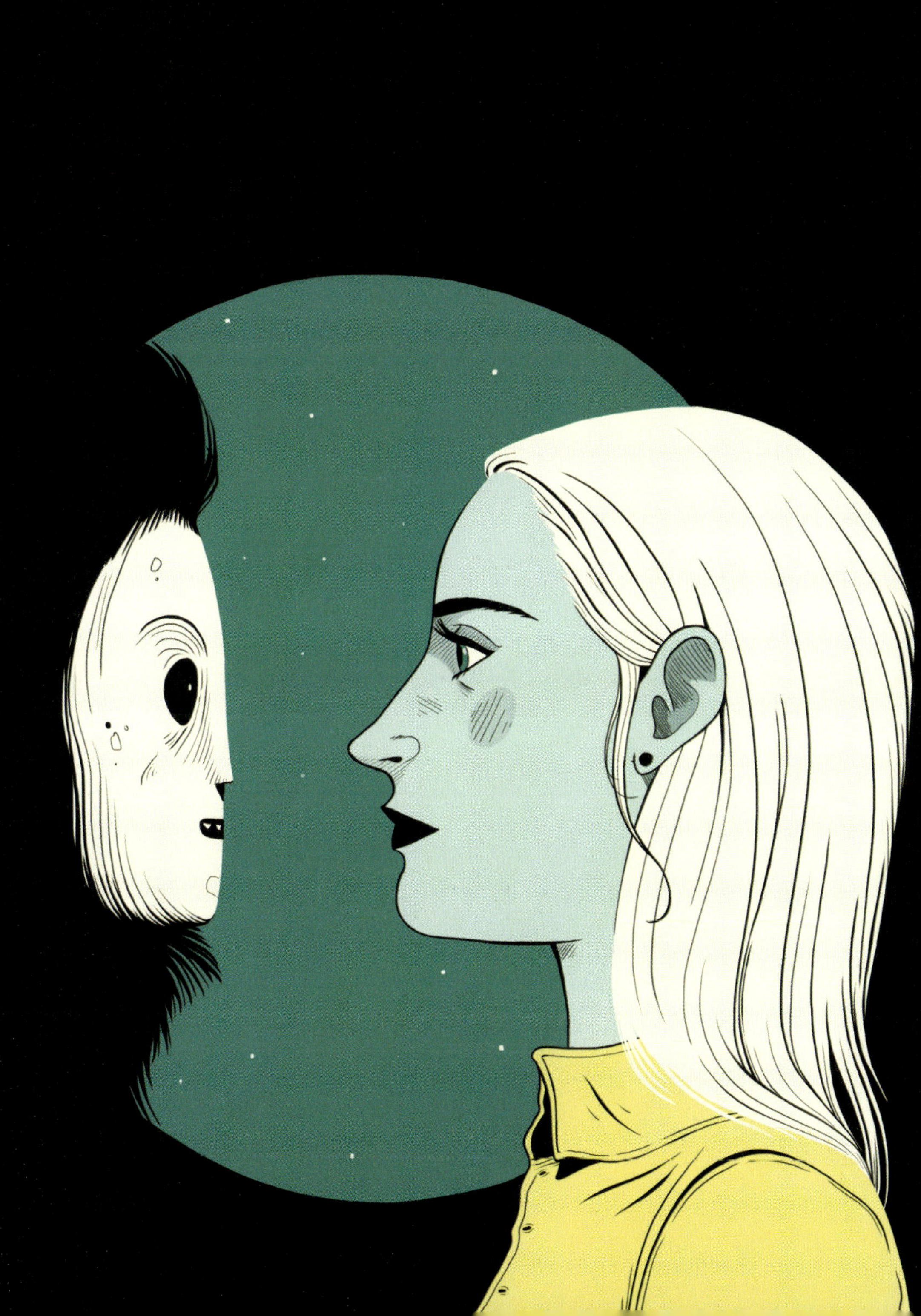

RACHEL KATSTALLER

www.rachelkatstaller.com
www.las-furias.com/shop
Instagram: @rachelkatstaller

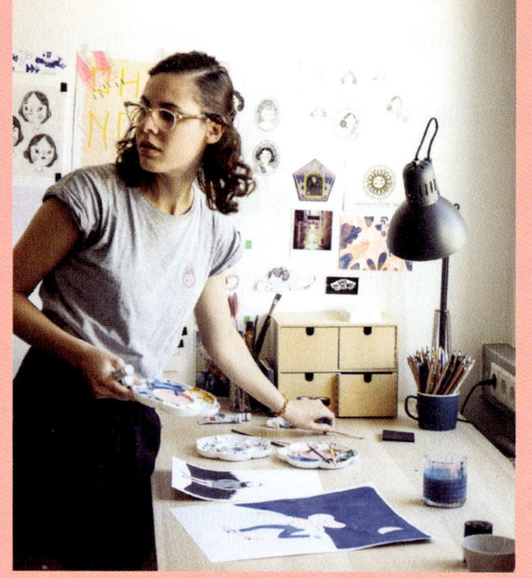

What does illustration mean to you?
For me, illustration is a way of escaping from the reality around me. A way of representing my thoughts and sharing them with the world, in the hope that they will touch others.

How would you define your style?
My work focuses on the female figure and the strength of women, using colours and colour combinations inspired by the tropics.

¿Qué es para ti la ilustración?
La ilustración para mí, es una manera de escape de la realidad que me rodea. Una forma de representar mis pensamientos y compartirlos con el mundo, con la esperanza de que resuene con otros.

¿Define tu estilo?
Mi trabajo se centra en la figura femenina y la fuerza de la mujer, incorporando colores y combinaciones cromáticas inspiradas en el trópico.

Photo by Florian Trattner

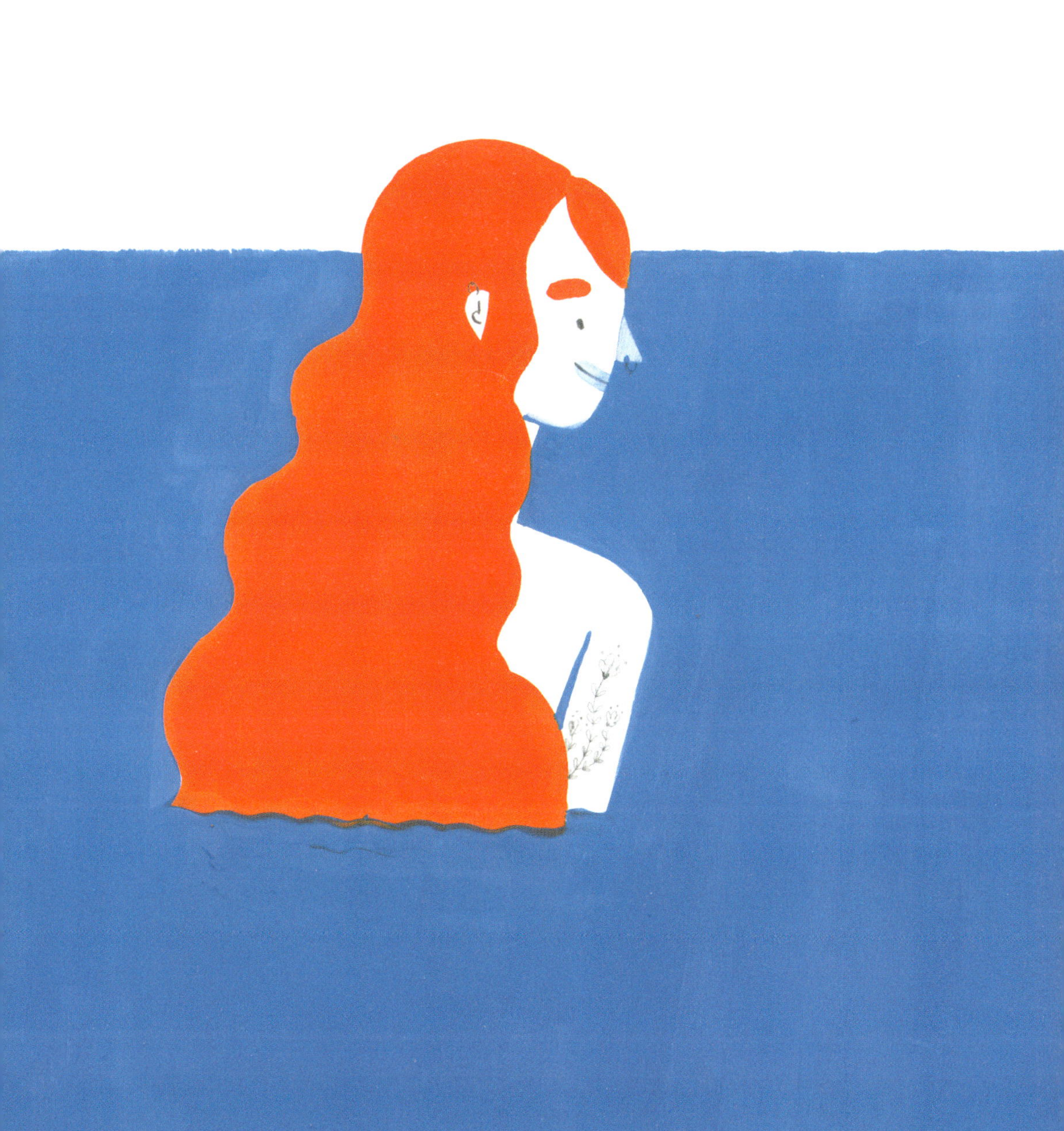

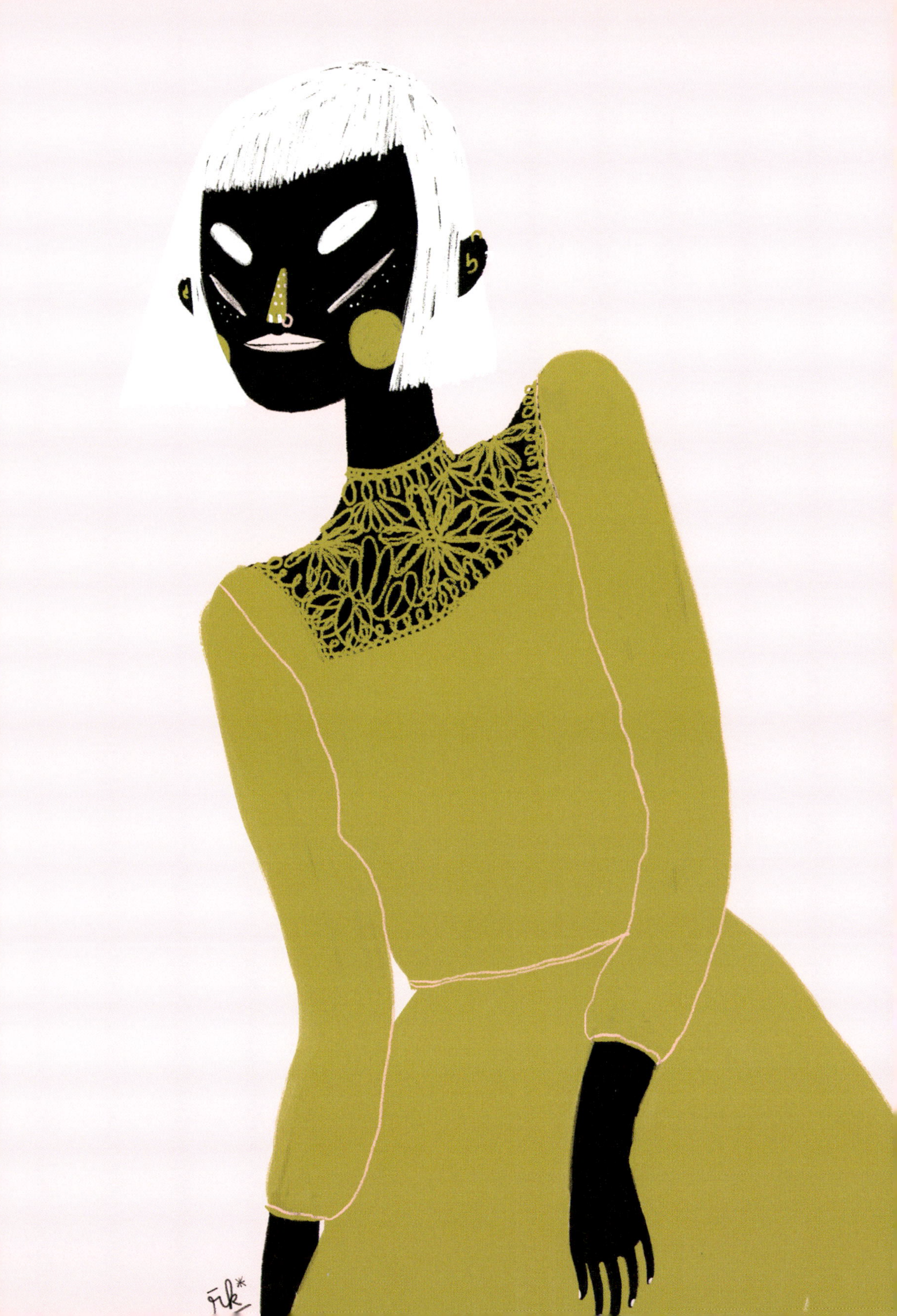

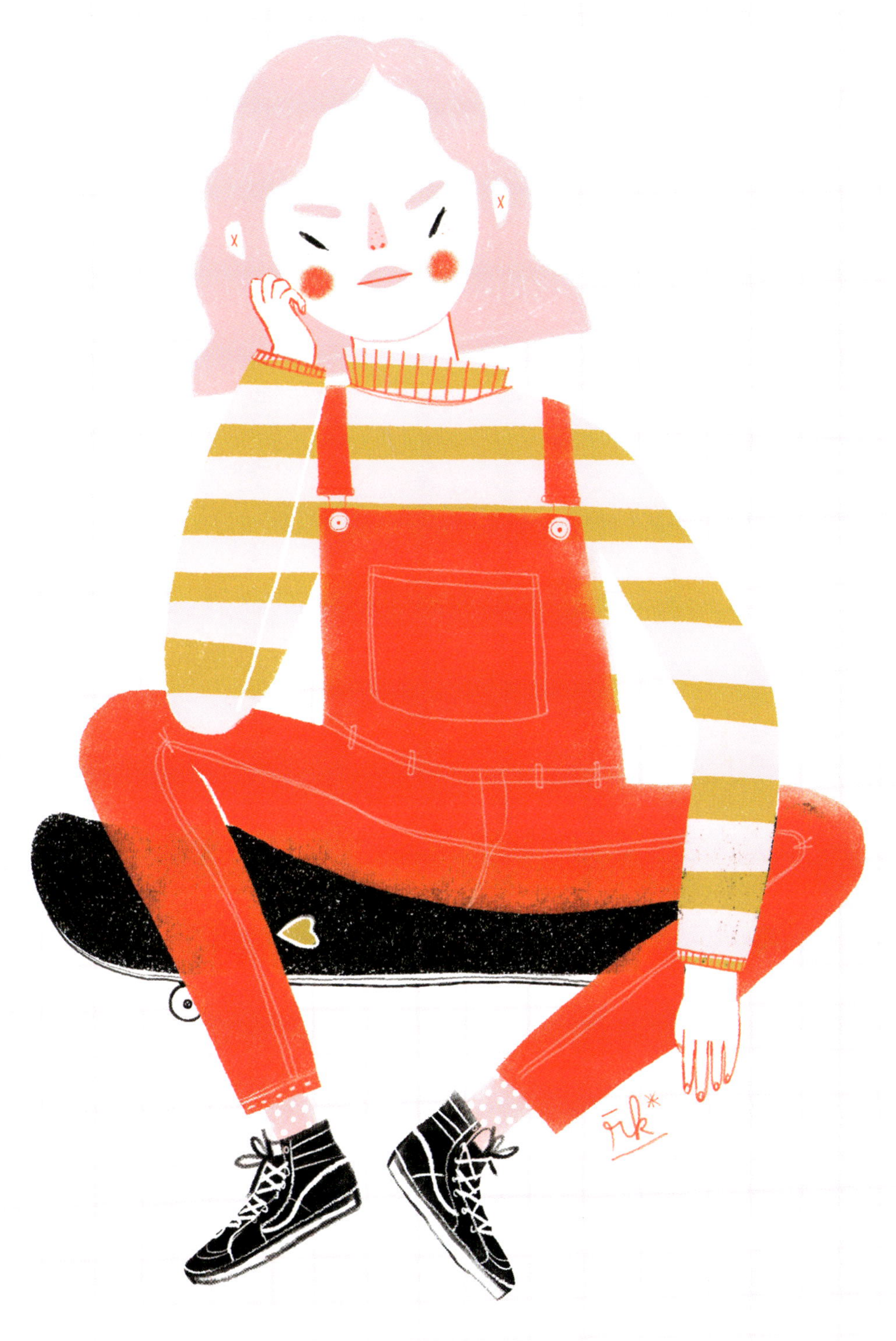

SANDRA DIECKMANN

www.sandradieckmann.com
www.etsy.com/shop/SandraDieckmann
Instagram: @sandradieckmann
Twitter: @sandradieckmann
Facebook: @DieckmannSandra

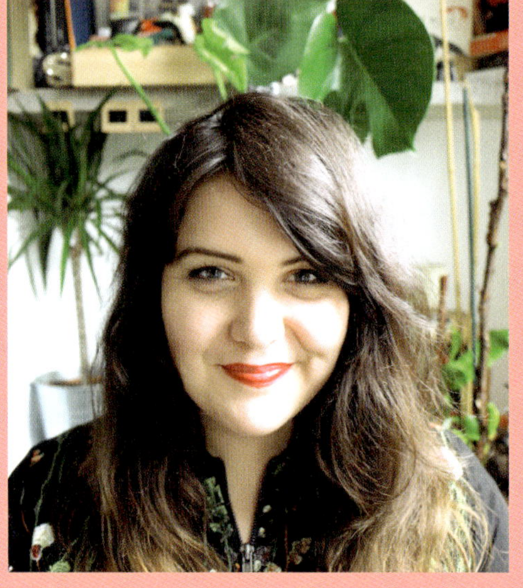

What does illustration mean to you?
Illustration to me is a way of life. The way I communicate. The task of telling my perspective of the world through my art and the hope that others will find something in my creations that they can connect to. It might be beauty, answers or even new questions that are found.

How would you define your style?
Colourful, patterned and intricate drawings of nature and wildlife, dreamscapes and story places.

¿Qué es para ti la ilustración?
La ilustración para mí es una forma de vida, la forma en que me comunico. La tarea de contar mi perspectiva del mundo a través de mi arte y la esperanza de que otros encuentren y conecten con mis creaciones. Puede ser belleza, respuestas o incluso nuevas preguntas

¿Define tu estilo?
Dibujos coloridos y complejos de la naturaleza y la vida salvaje, paisajes de ensueño y lugares históricos.

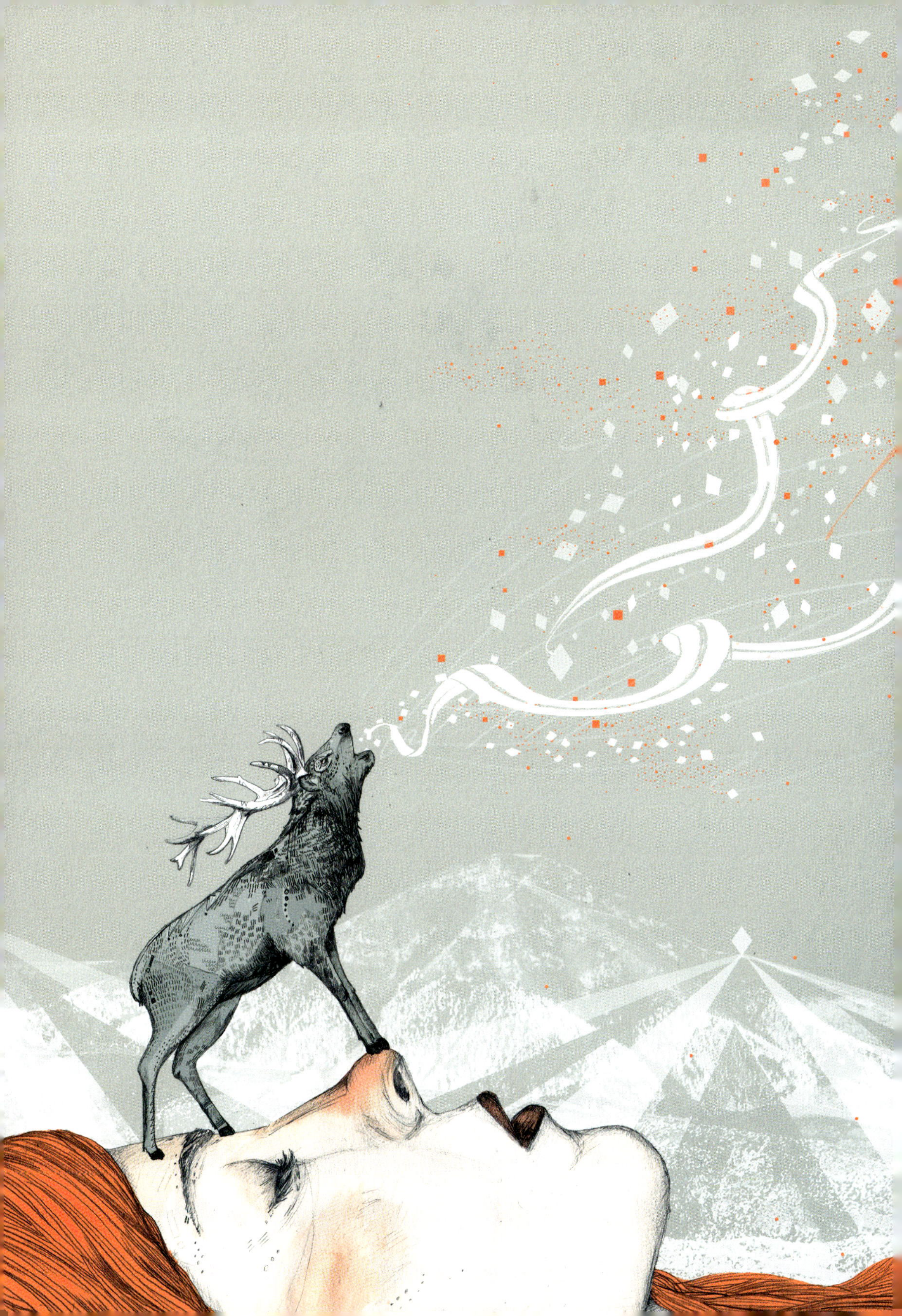

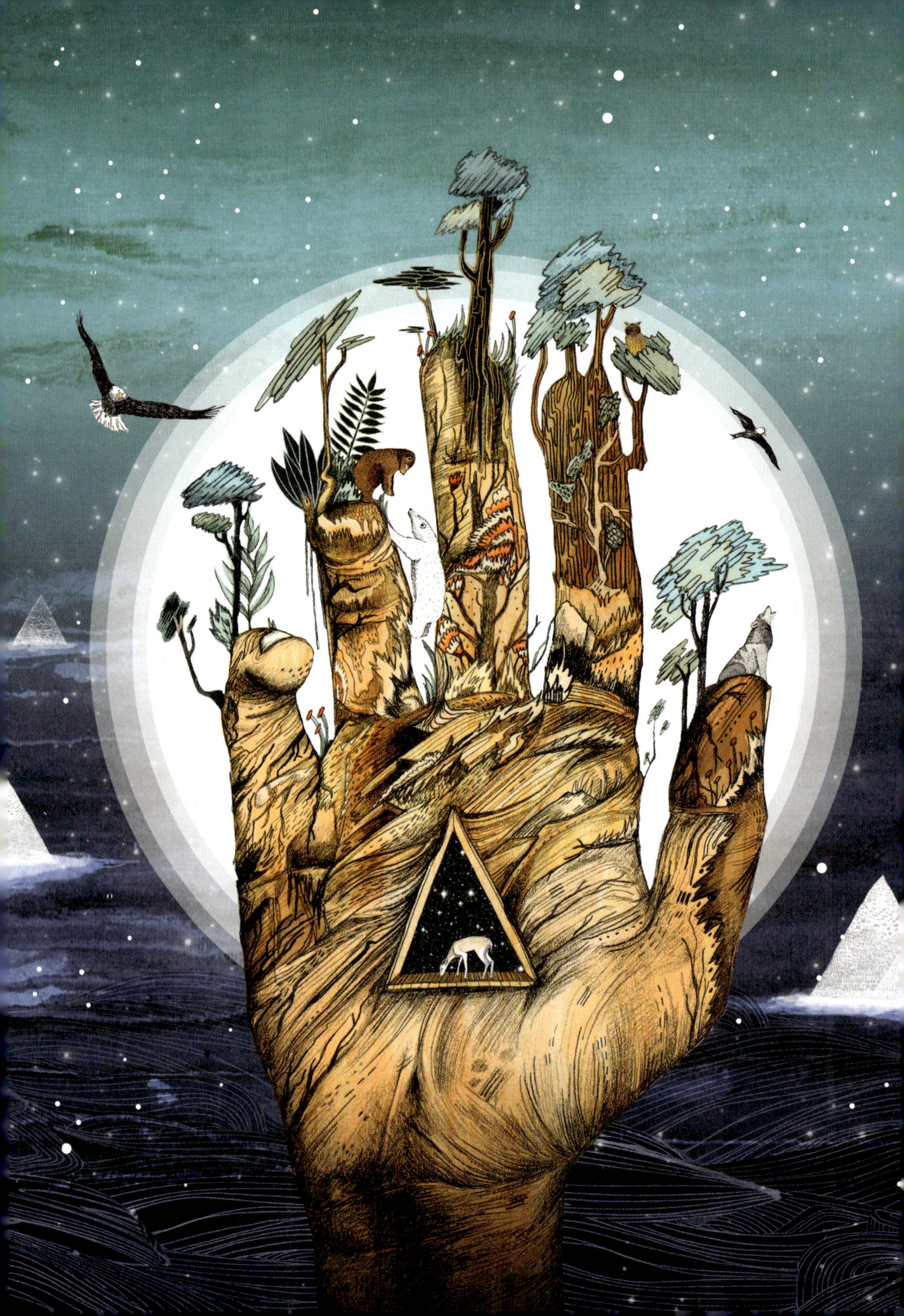

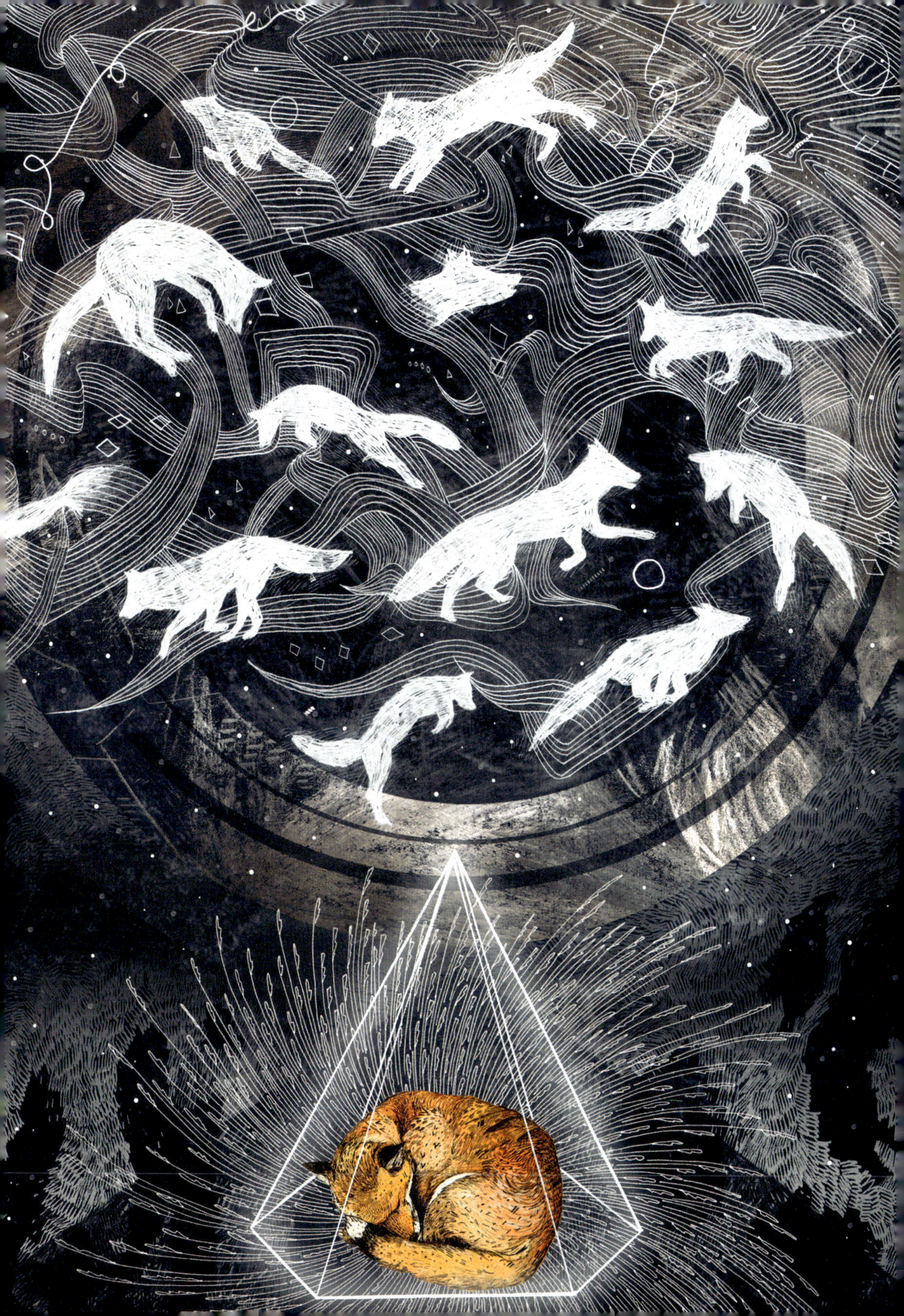

TARA MCPHERSON

www.taramcpherson.com
Instagram: @taramcpherson
Facebook: @taramcpherson

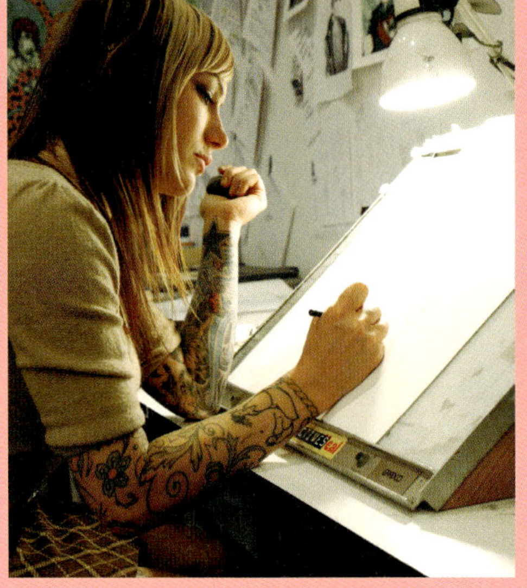

What does illustration mean to you?
The freedom to create my own universe.

How would you define your style?
My work is not based in this world we live in...
I would say it's very surreal, dark and dreamlike.

¿Qué es para ti la ilustración?
La libertad de crear mi propio universo.

¿Define tu estilo?
Mi trabajo no se basa en este mundo en el que vivimos...
Yo diría que es muy surrealista, oscuro y onírico

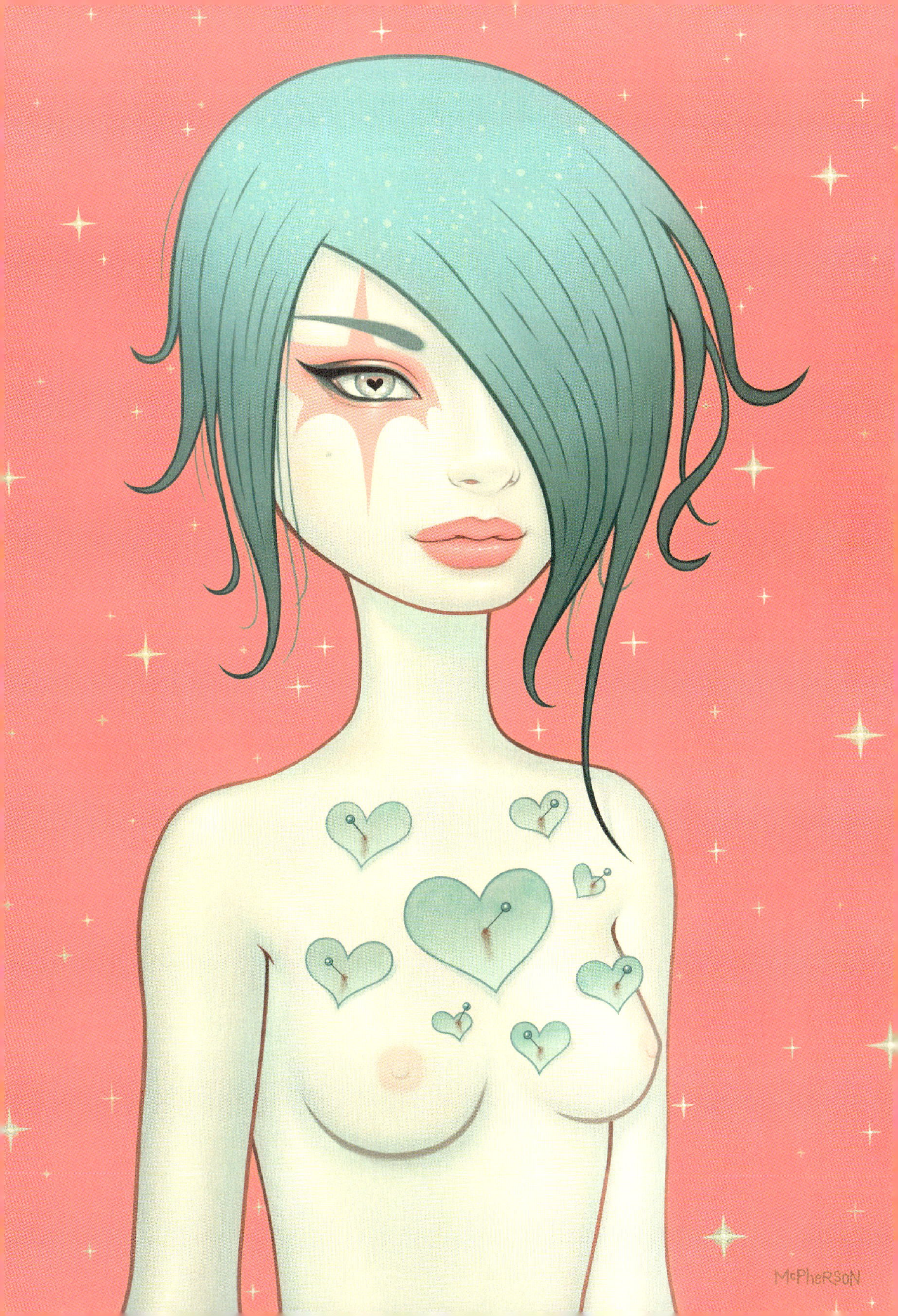
McPHERSON

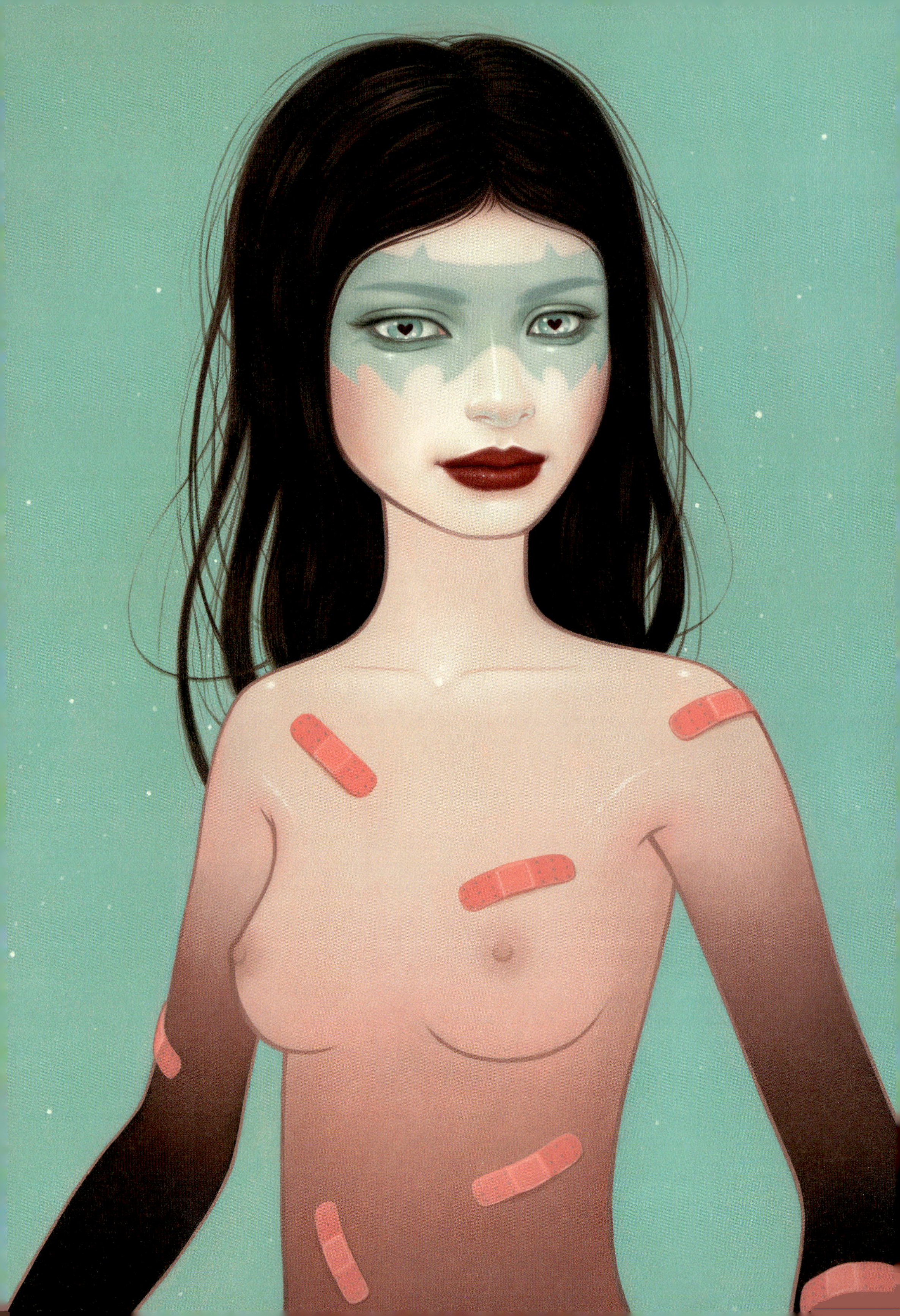

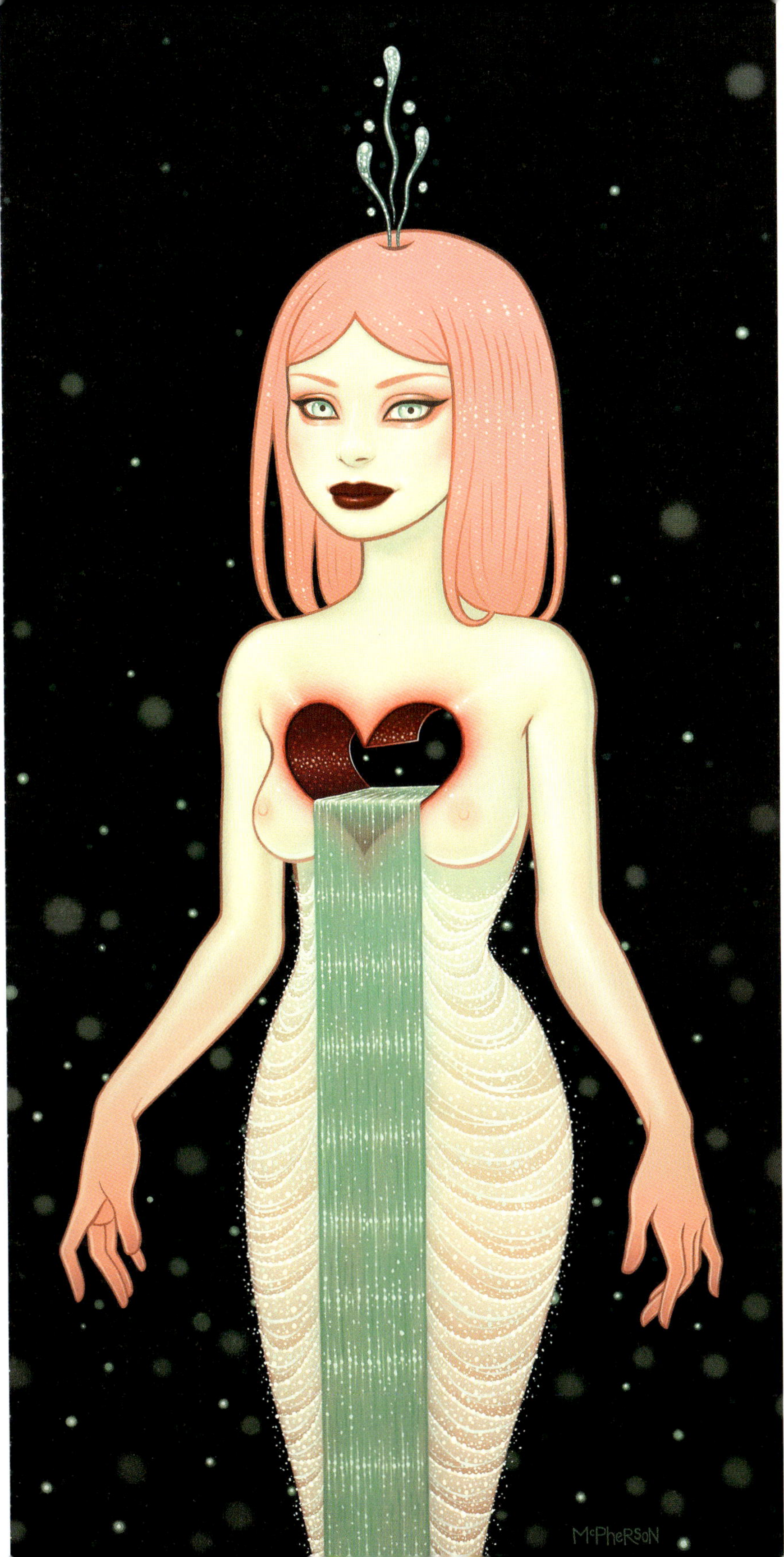
McPHERSON

HOLLY SHARPE

www.hollysharpe.com
Instagram: @hollysharpe_drawings
Facebook: @HollySharpeDrawings

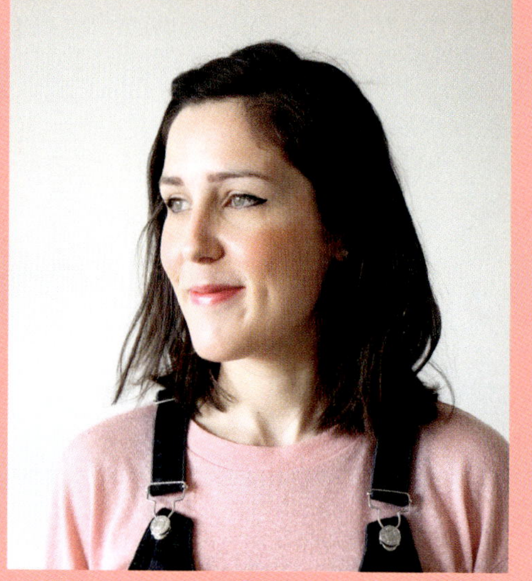

What does illustration mean to you?
To me, illustration is a place that blurs the lines between fine art, pattern, and print. It is so open, so expressive, and can pretty much be anything you want. This is why I love it.

How would you define your style?
I really struggle with trying to define my style, I think it is always changing in some ways. To me, what I always strive for, is to create images that are striking, powerful, and yet delicate and beautiful at the same time.

¿Qué es para ti la ilustración?
Para mí, la ilustración es un lugar a medio camino entre las bellas artes, el estampado y la impresión. Es algo extremadamente abierto y expresivo que puede convertirse en lo que uno quiera; por eso me gusta tanto.

¿Define tu estilo?
La verdad es que me cuesta mucho intentar definir mi estilo, porque creo que, de un modo u otro, está sujeto a un continuo cambio. Yo lo que siempre intento es crear imágenes impactantes, poderosas y a la vez hermosas y delicadas.

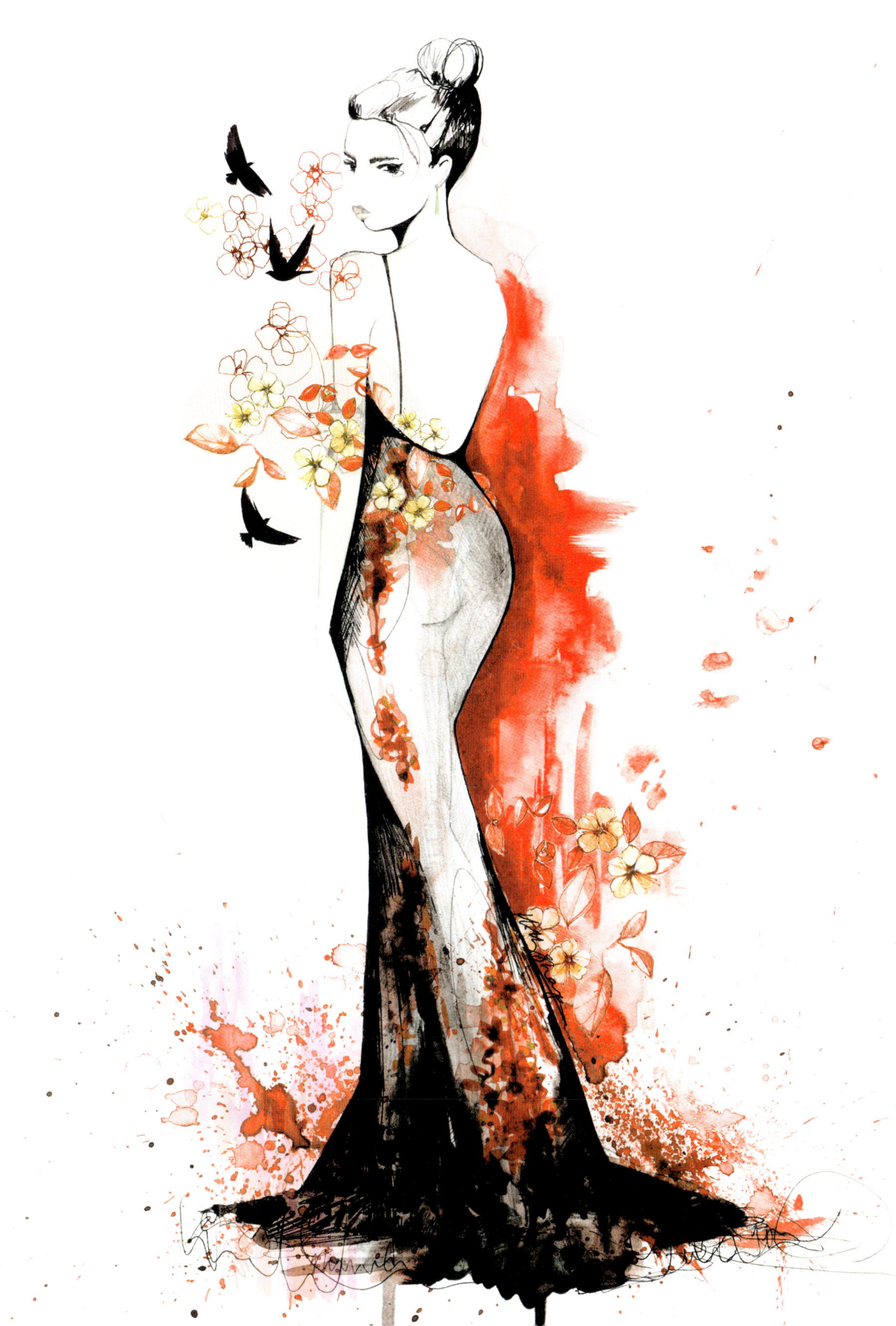

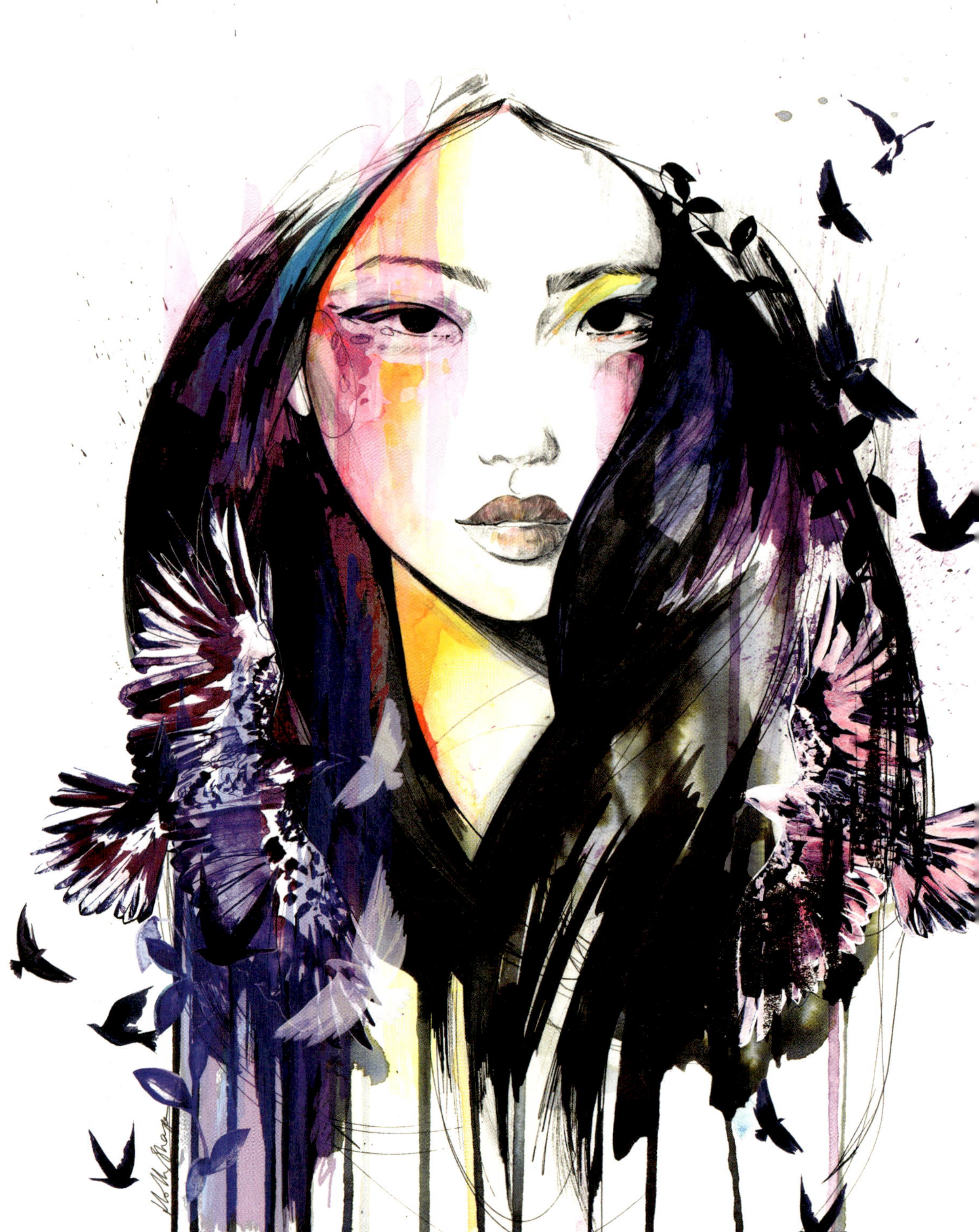

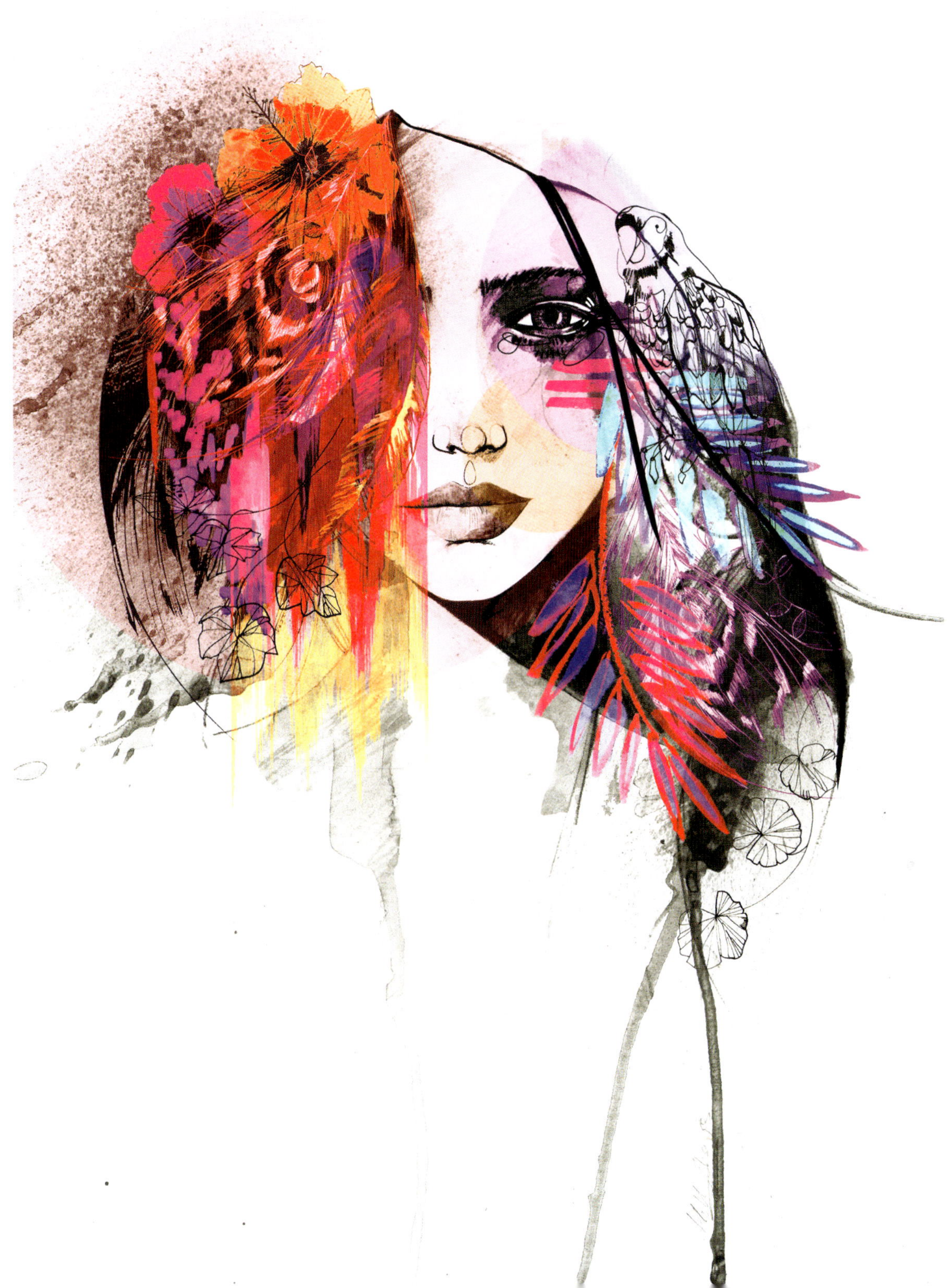

EMMA LEONARD

www.emmaleonardart.com
Instagram: @emmaleonardillustration

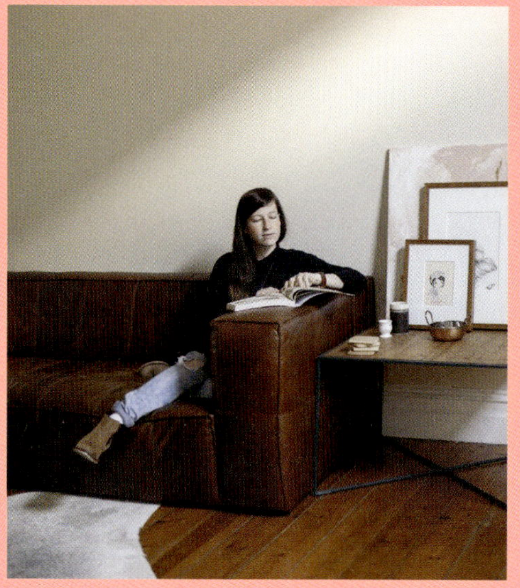

What does illustration mean to you?
Illustration to me is a form of escapism, I love exploring sun-drenched ethereal female figures with steely gazes that often include elements inspired by nature and fashion.

How would you define your style?
I would define my illustration style as extremely feminine, soft and dreamlike. I work in a combination of traditional and digital techniques with a focus on female portraiture.

¿Qué es para ti la ilustración?
La ilustración para mí es una forma de evasió
Me encanta explorar figuras femeninas etéreas, con miradas de desaprobación, y que a menudo incluyen elementos inspirados en la naturaleza y la moda.

¿Define tu estilo?
Definiría mi estilo de ilustración como extremadamente femenino, suave y de ensueño. Trabajo con una combinación de técnicas tradicionales y digitales, centrándom en el retrato femenino.

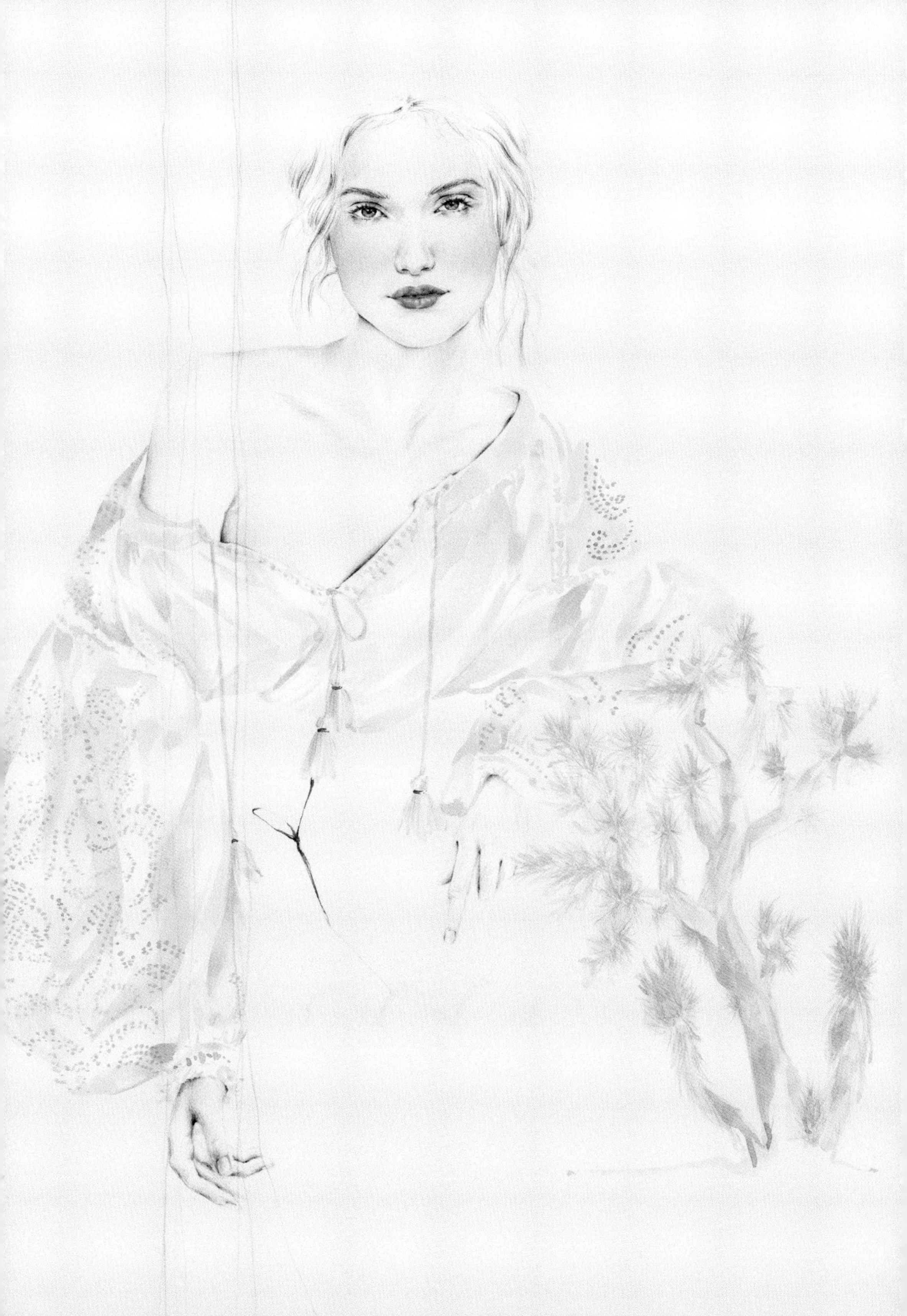

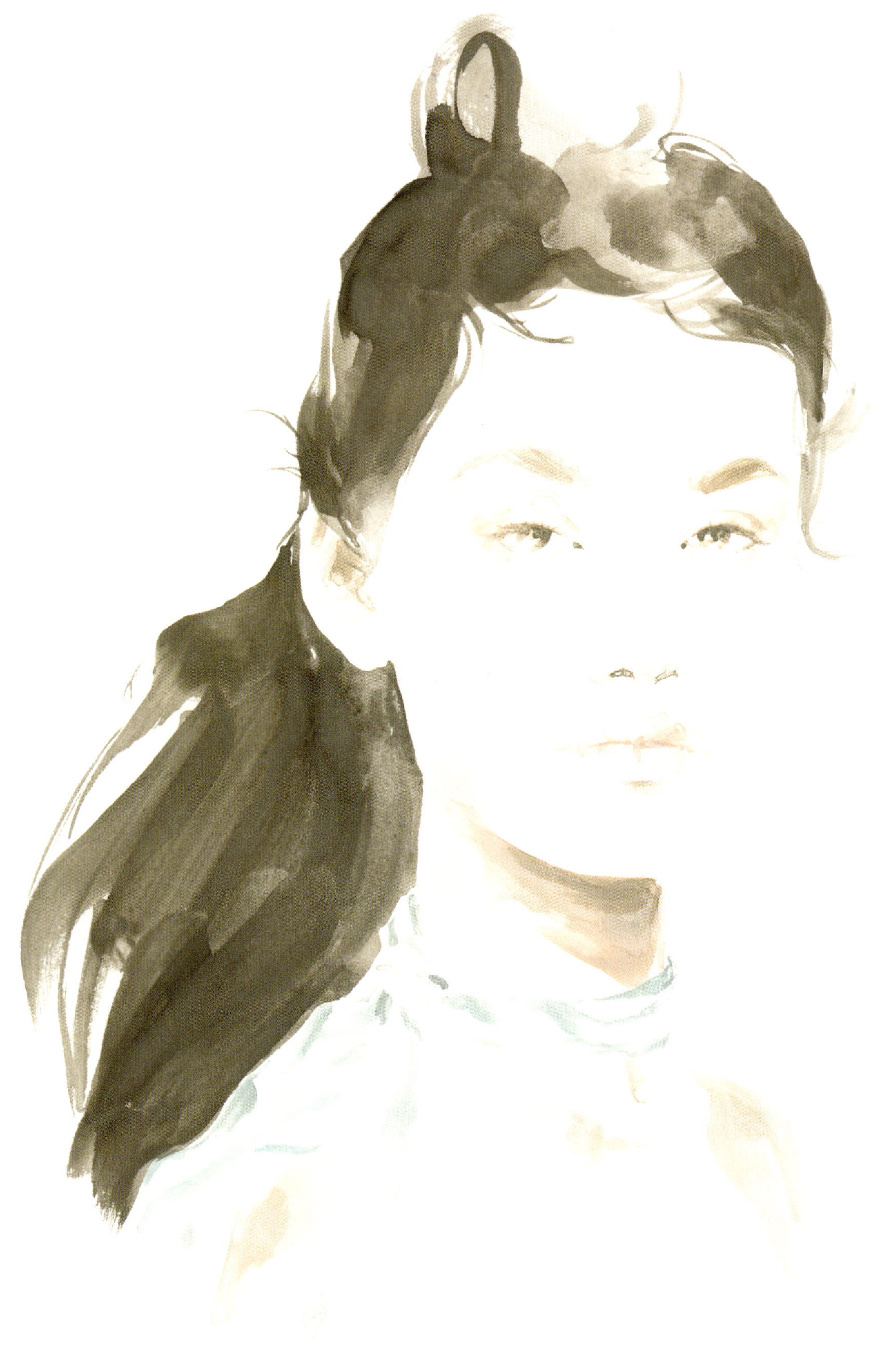

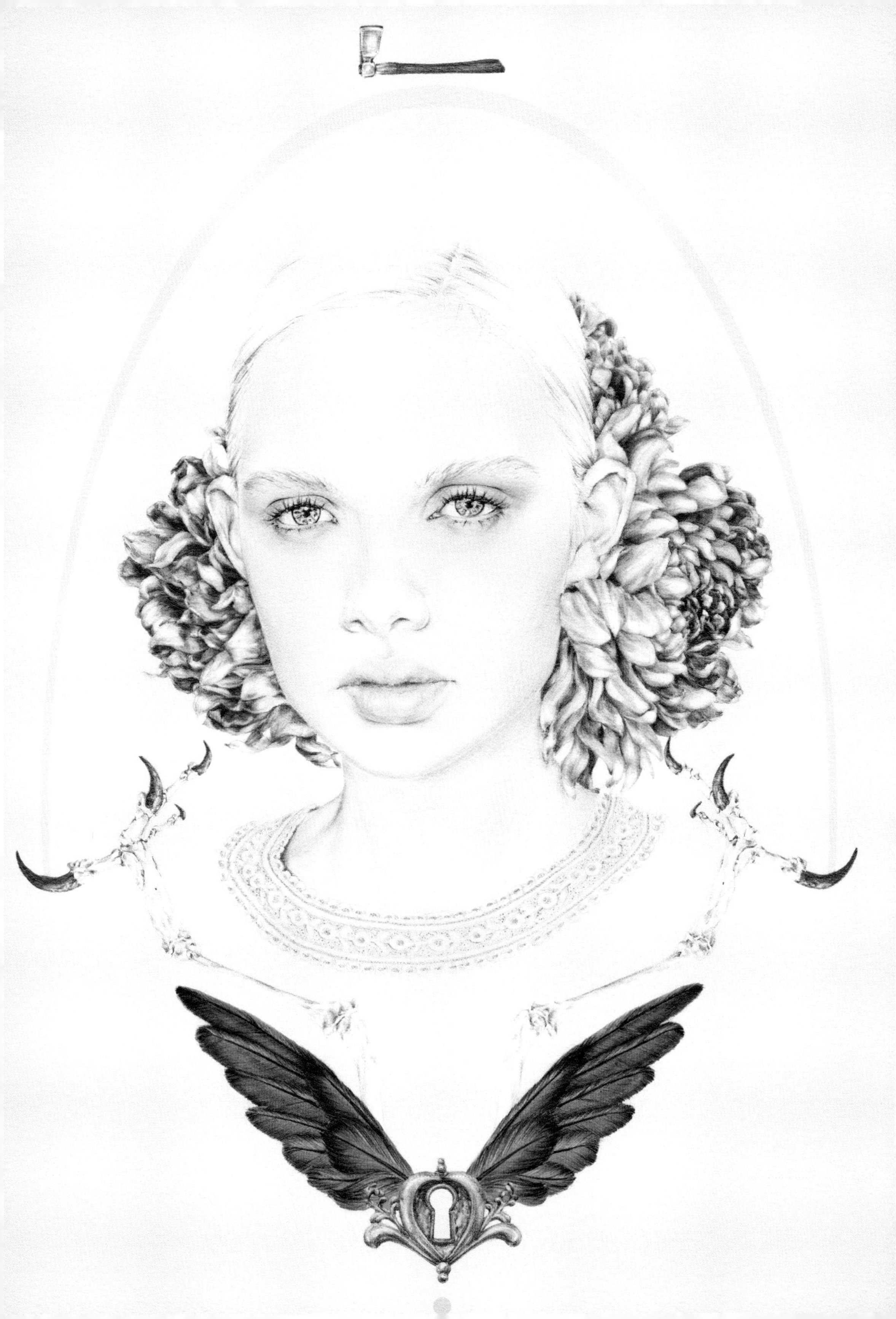

DARIA SOLAK

www.dariasolak.com
Instagram: @daria_solak_illustrations
Facebook: @ Daria Solak Illustrations

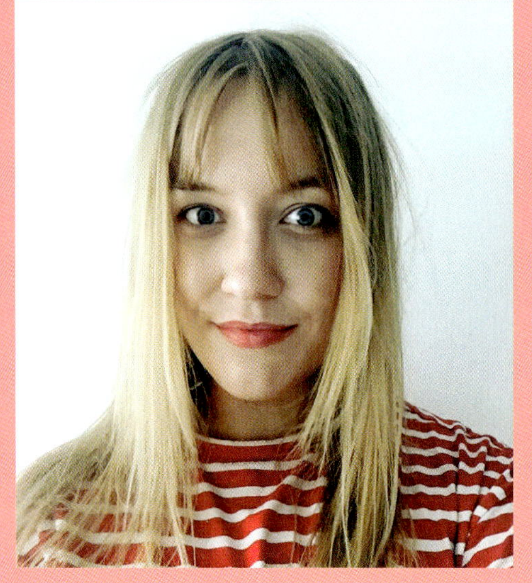

What does illustration mean to you?
Basically everything! I am lucky to call illustration my job, my biggest passion and my love from the first sight. I think about it 90% of the time. When I am not drawing, I am thinking about what to draw next. I look at people, buildings, plants and wonder how I would illustrate them. It's like a drug! Fortunately, I make a living with it, so I don't have to think about anything else ;)

How would you define your style?
People call my style quirky, but I like to say that my illustrations are pleasant and effortless. Everything I do is handmade, then I make post-production using graphic editing softwares. I like imperfection, you can see this in all the different textures I create - strokes with brushes, coloring pencils, markers. I'm not afraid of weird color combinations and maybe that's why I often hear that my drawings are weird but fun.

¿Qué es para ti la ilustración?
¡Básicamente todo! Teng la suerte de llamar a la ilustración mi trabajo, mi mayor pasión, mi amor a primera vista. Me ocupa el 90% de mi tiempo. Cuando no estoy dibujando, pienso qué dibujar. Miro a las personas, edificios, plantas y me pregunto cómo podría ilustrarlos. ¡Es como una droga! Afortunadamente puedo hacerlo para vivir, así que no tengo que pensar en nada más ;)

¿Define tu estilo?
La gente define mi estilo como peculiar, pero me gusta decir que mis ilustraciones son agradables y sencillas. Mis trabajos son a mano y para los acabados uso programas gráficos, e muy importante para mi, realizar los trabajos a mano, ya que me gusta las imperfecciones, y el hecho de percibir todas las texturas: el rastro del pincel, el coloreado con lápices, las marca: No le temo a combinar colores nuevos y tal vez por eso a menudo escucho que mis dibujos sor extraños pero divertidos, con un enfoque en el retrato femenino.

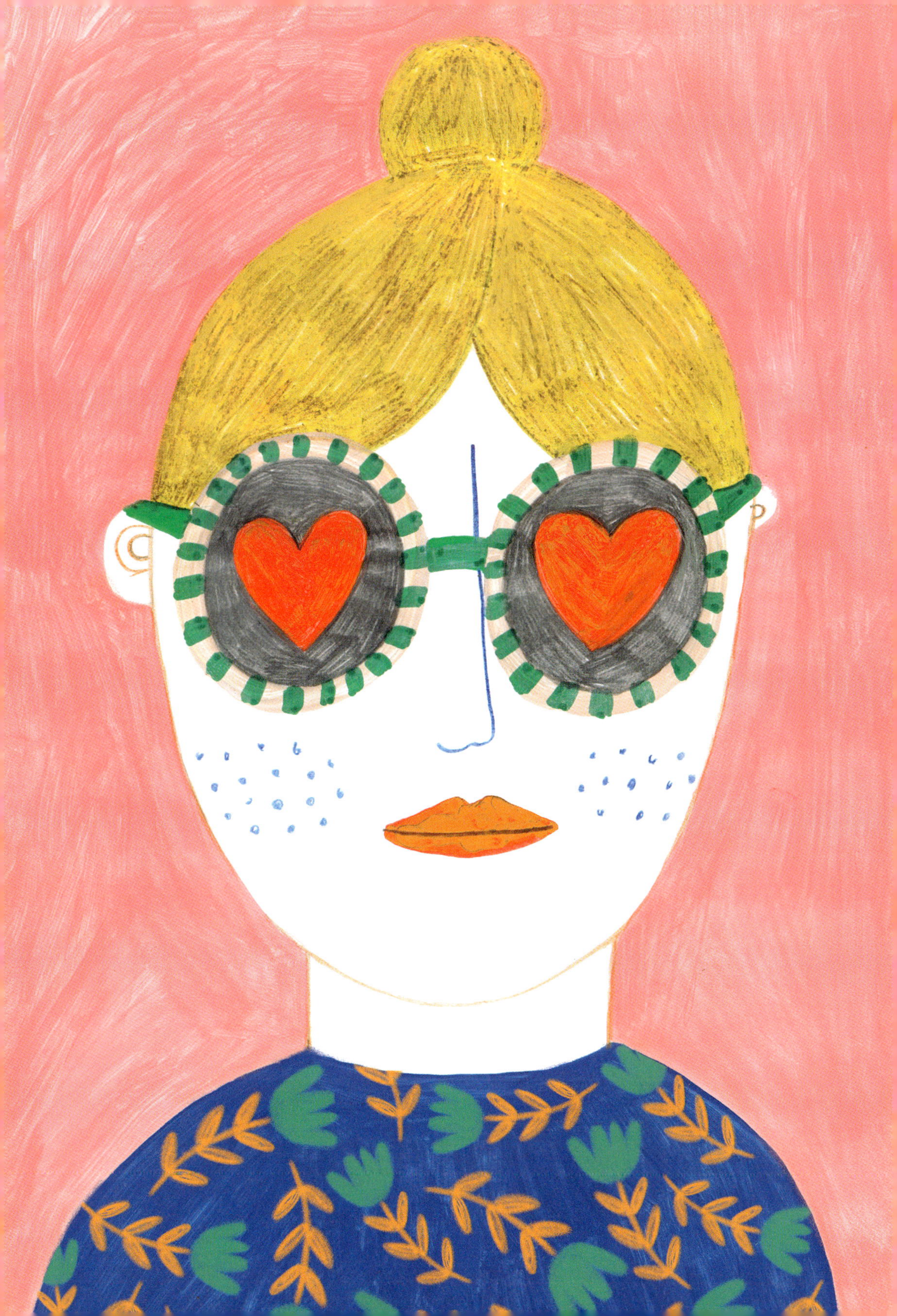

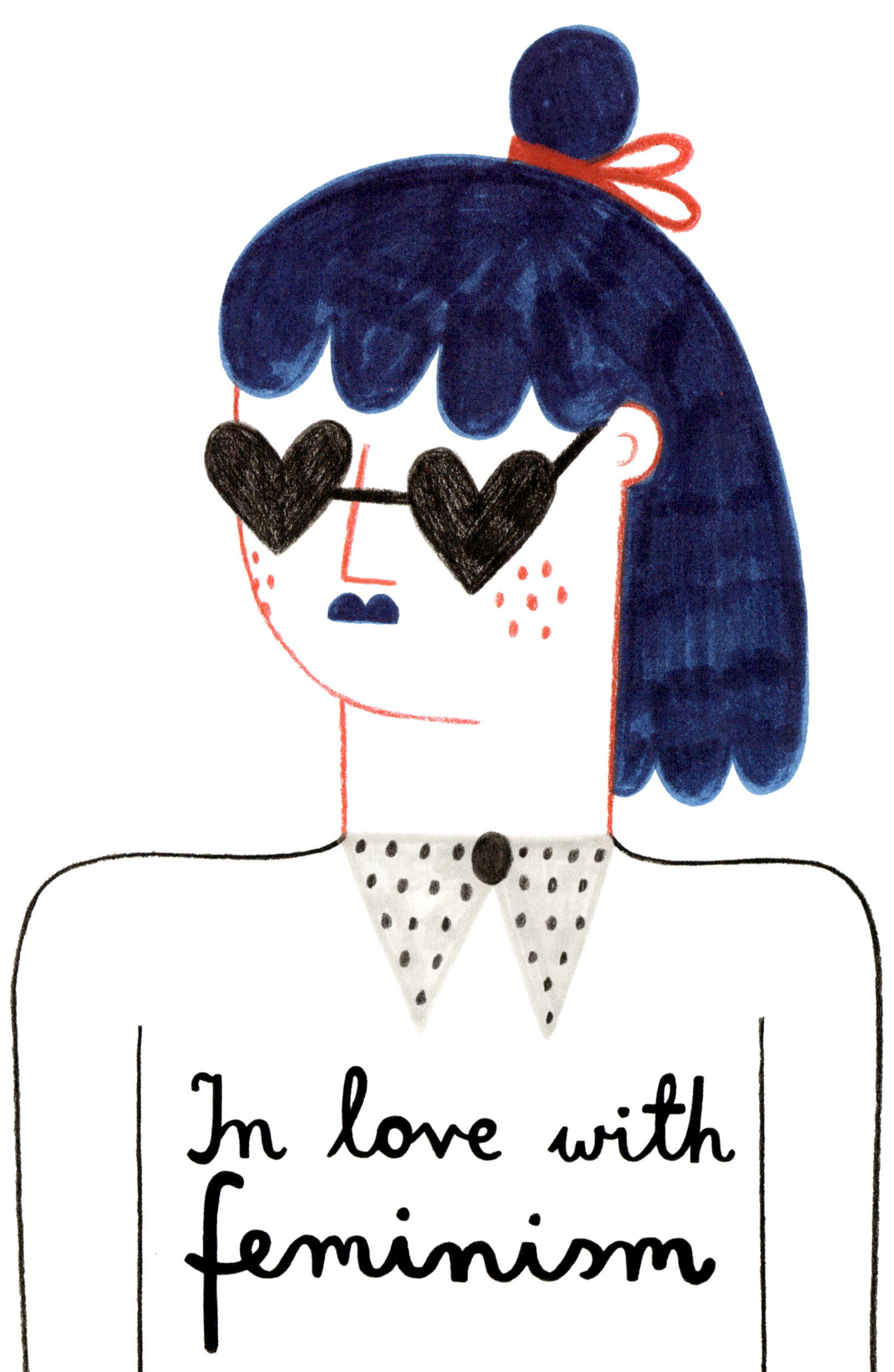
In love with
feminism

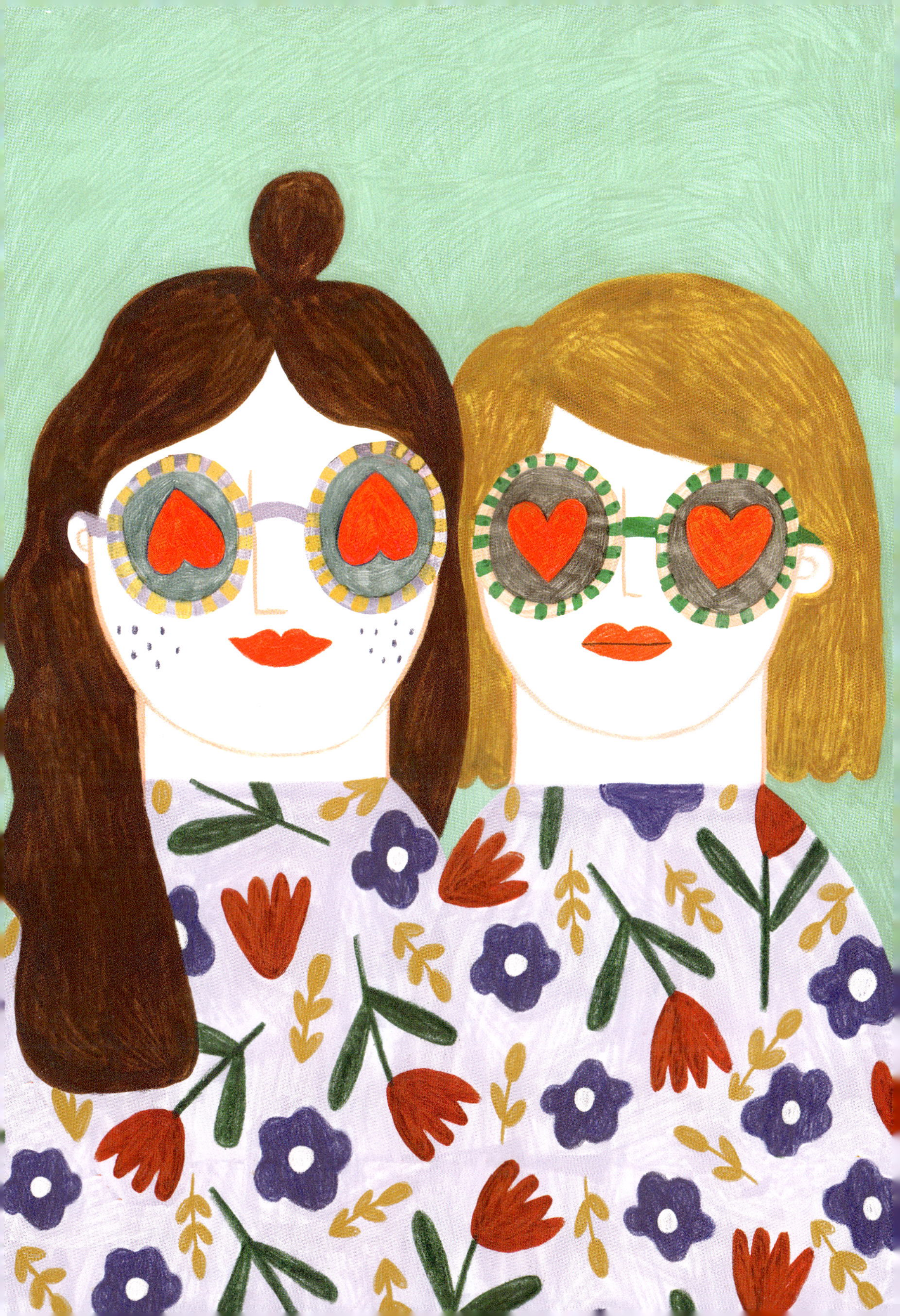

AMAIA ARRAZOLA

www.amaiaarrazola.com
Instagram: @amaiaarrazola
Facebook: @amaiaarrazola

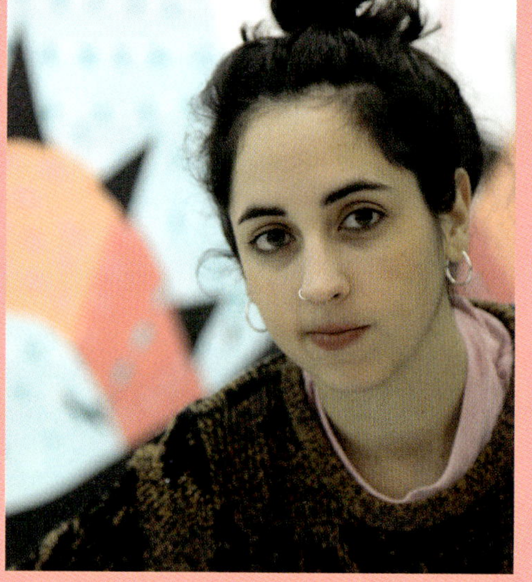

What does illustration mean to you?
Illustration, or drawing in general is the way I use to express myself. Also to tell who I am and what I feel.

How would you define your style?
I don't know. I don't like to define and label myself. I honestly do not know.

¿Qué es para ti la ilustración?
La ilustración, o el dibujo en general es la manera que tengo de expresarme. De contar quién soy y qué siento.

¿Define tu estilo?
No lo sé. No me gusta definir y etiquetar ni poner nombres. Además que sinceramente no lo sé.

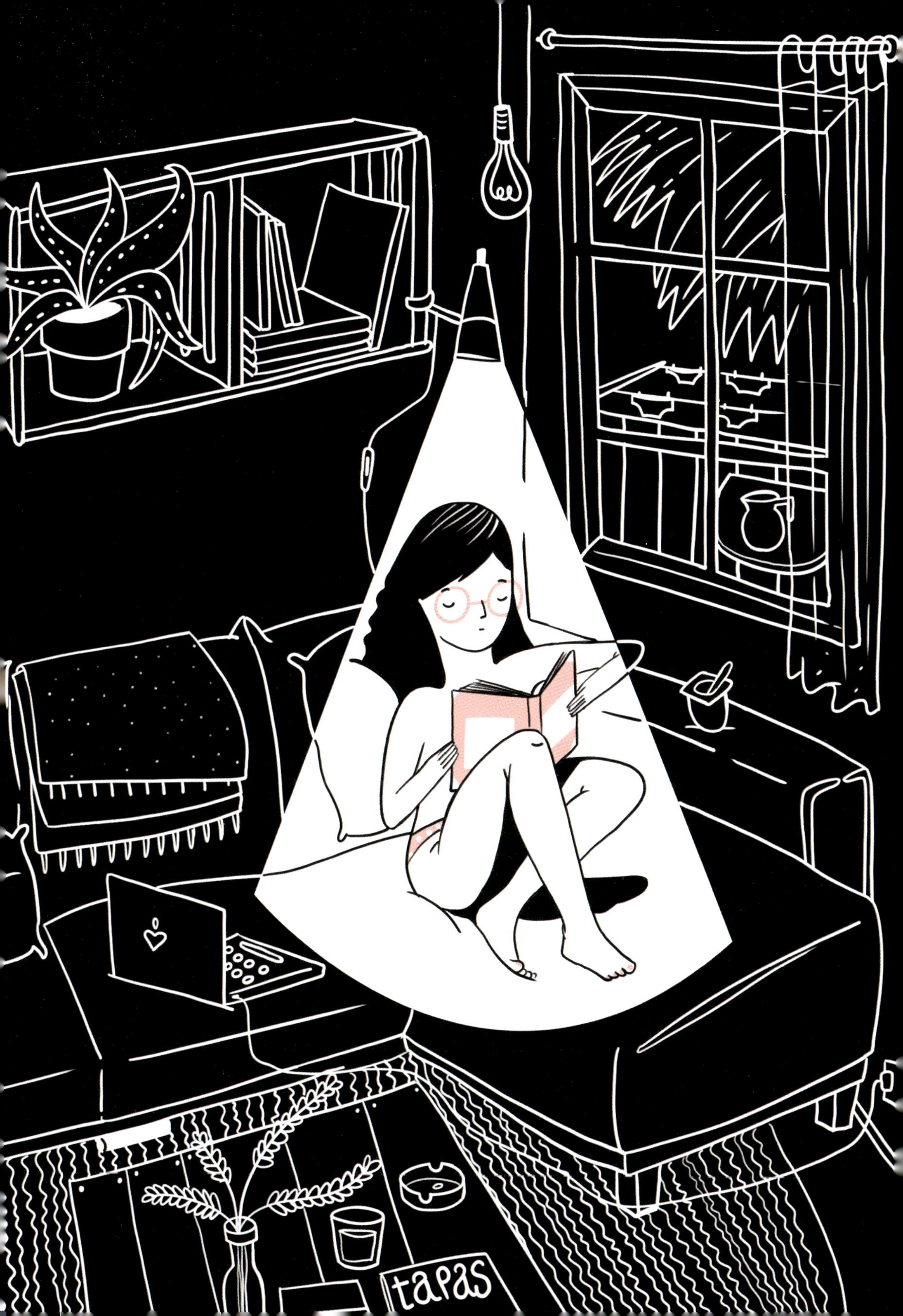
tapas

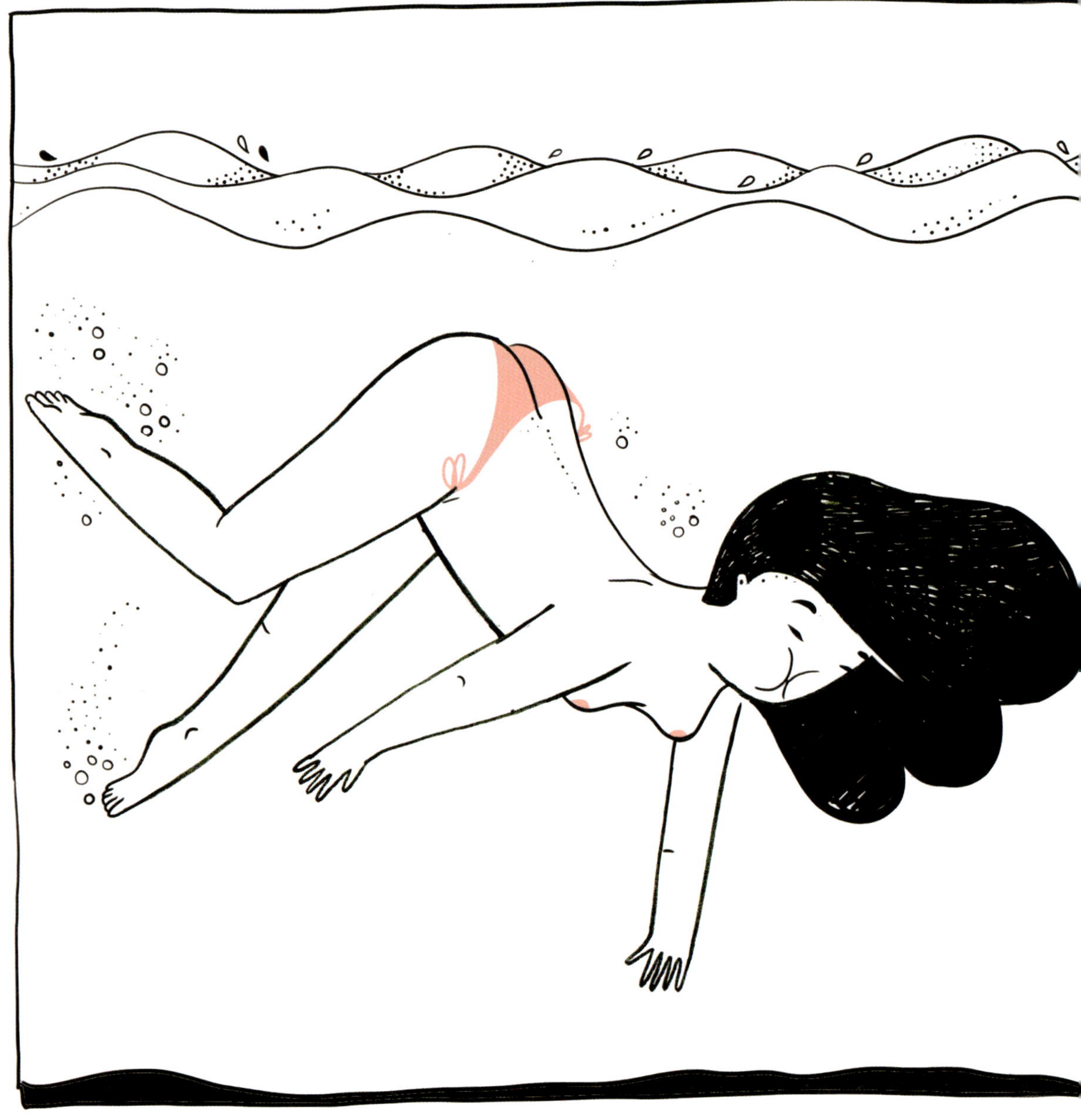

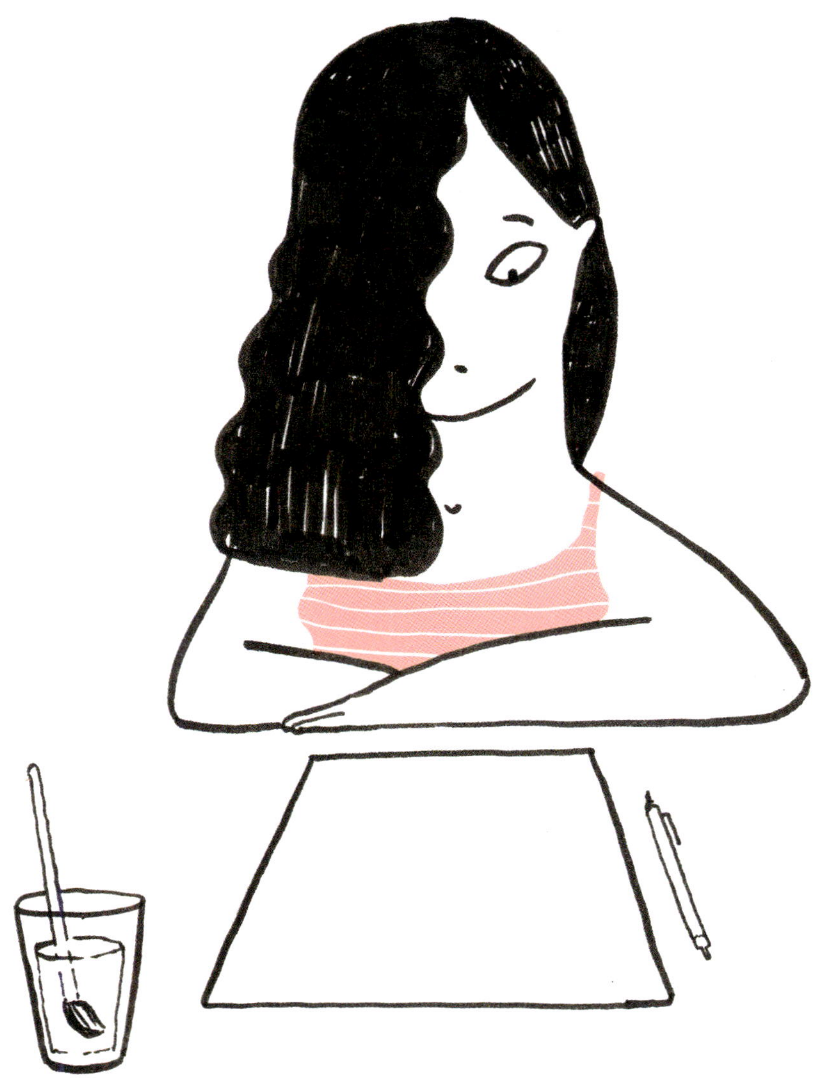

IRANA DOUER

www.iranadouer.com.ar
Instagram: @iranadouer.dibujos

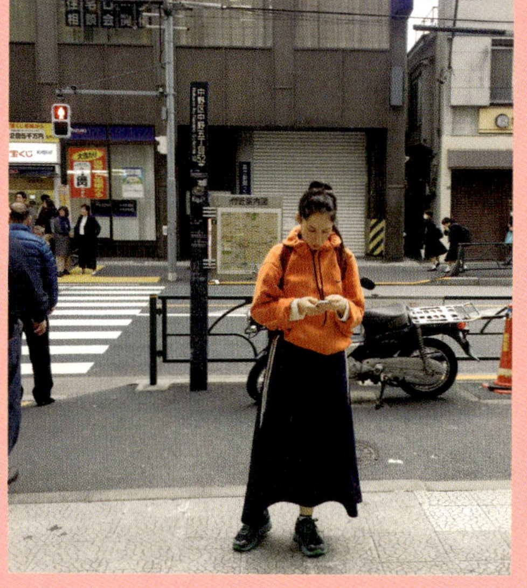

What does illustration mean to you?
I like to tell a story with an image.

How would you define your style?
Intimate illustrated journal.

¿Qué es para ti la ilustración?
Contar una historia con una imagen.

¿Define tu estilo?
Diario íntimo ilustrado.

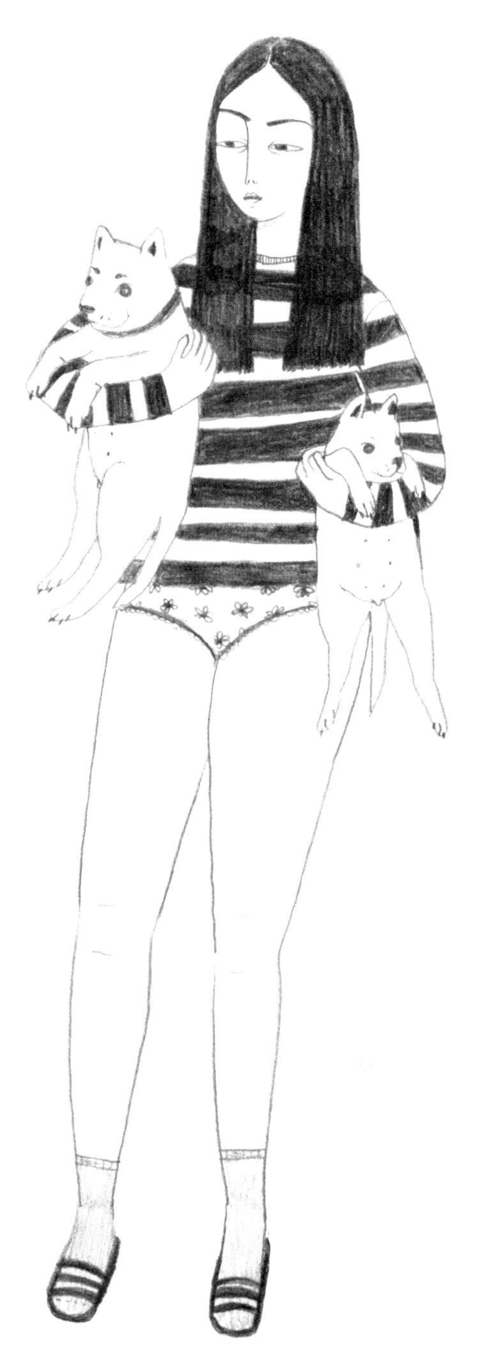

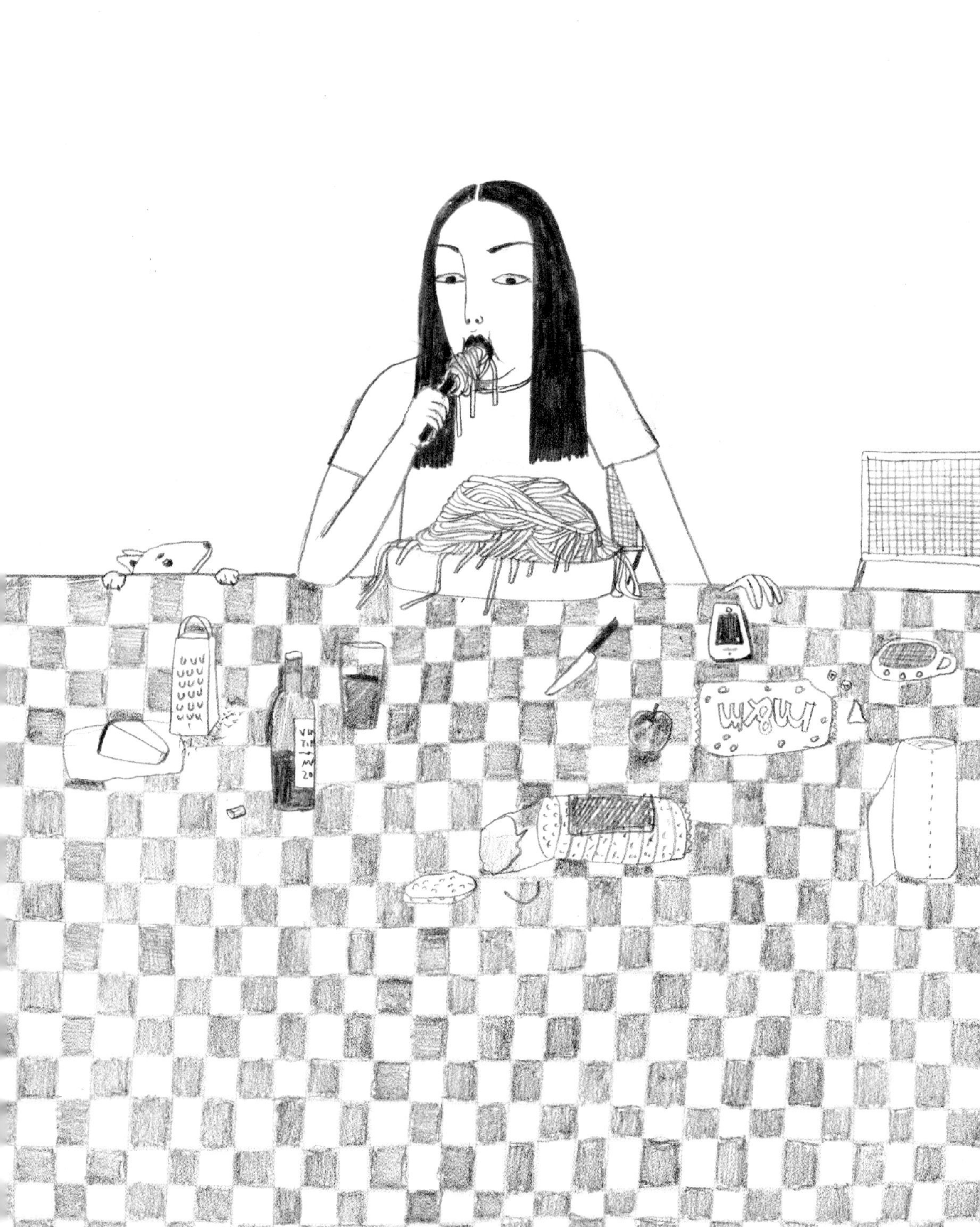

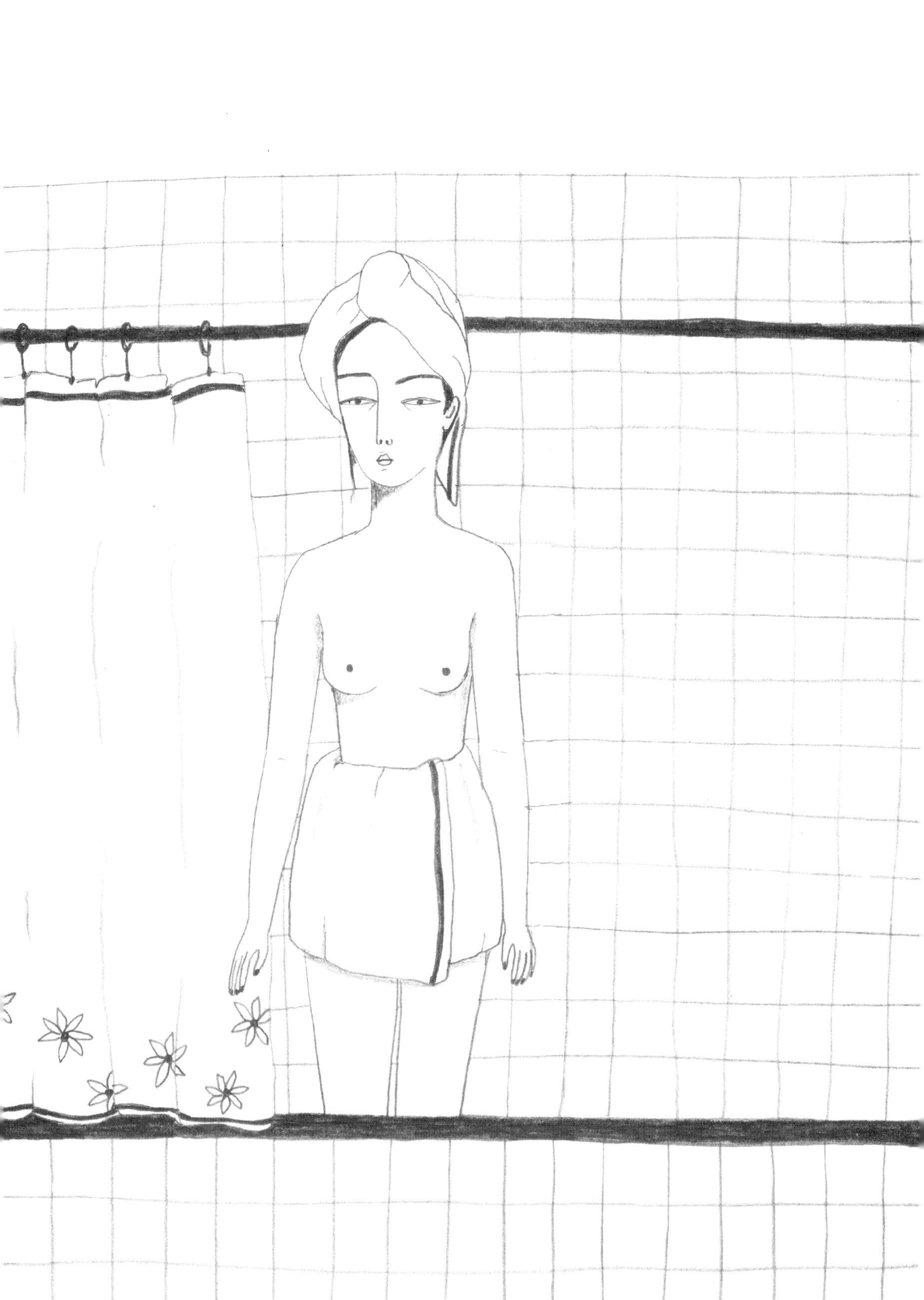

AMBIVALENTLY YOURS

www.ambivalentlyyours.com
Instagram: @ambivalentlyyours
Twitter: @AmbivalentlyYou
Facebook: @ambivalentlyyours
Tumblr: ambivalentlyyours.tumblr.com

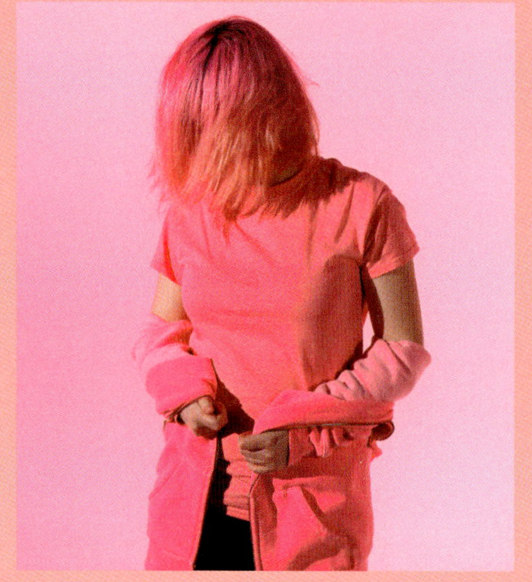

What does illustration mean to you?
Drawing is my preferred method of communication. The aim of my work is to highlight the potential for political resistance and emotional empathy that exists within conflicting emotions.

How would you define your style?
An enthusiastic, unapologetic and excessive use of the colour pink.

¿Qué es para ti la ilustración?
El dibujo es mi método preferido de comunicación. El objetivo de mi trabajo es resaltar el potencial de la resistencia política y la empatía emocional que existe dentro de la emociones contradictorias.

¿Define tu estilo?
Un uso excesivo, entusiasta y sin complejos de color rosa.

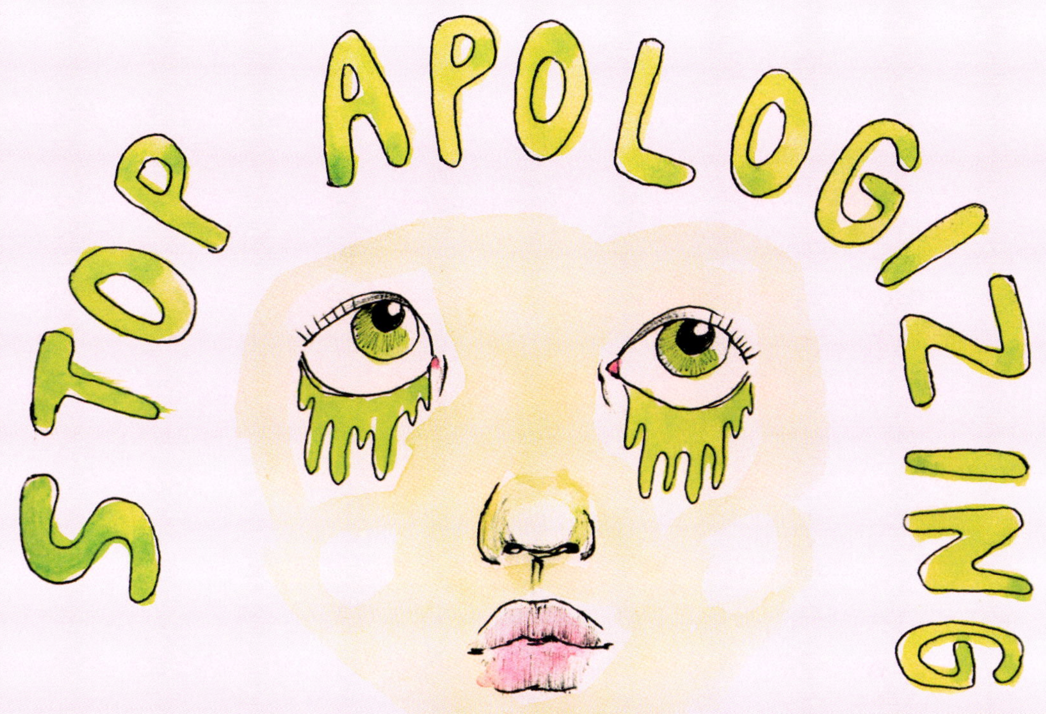

FOR YOUR

EMOTIONS

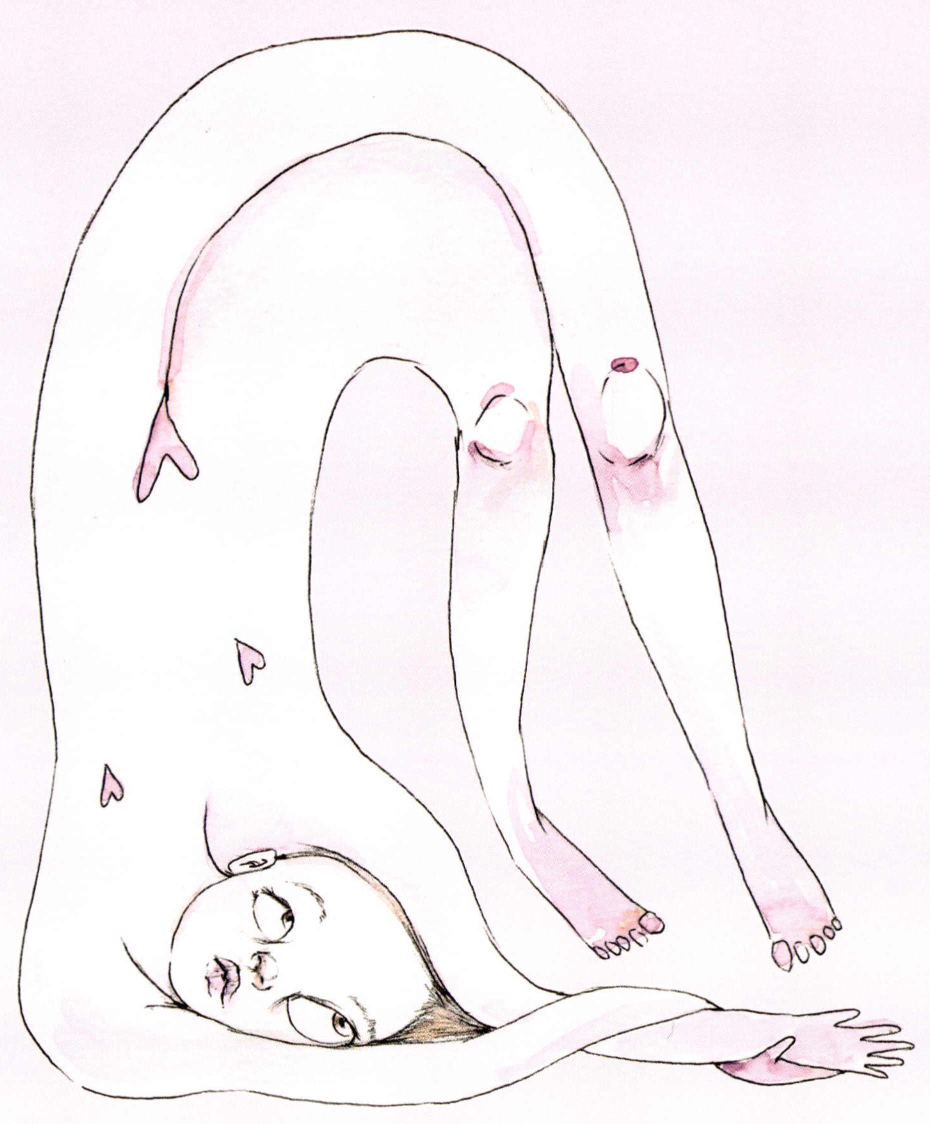

WASTED SO
MUCH TIME BEING
REASONABLE

I FEEL AMBIVALENTLY

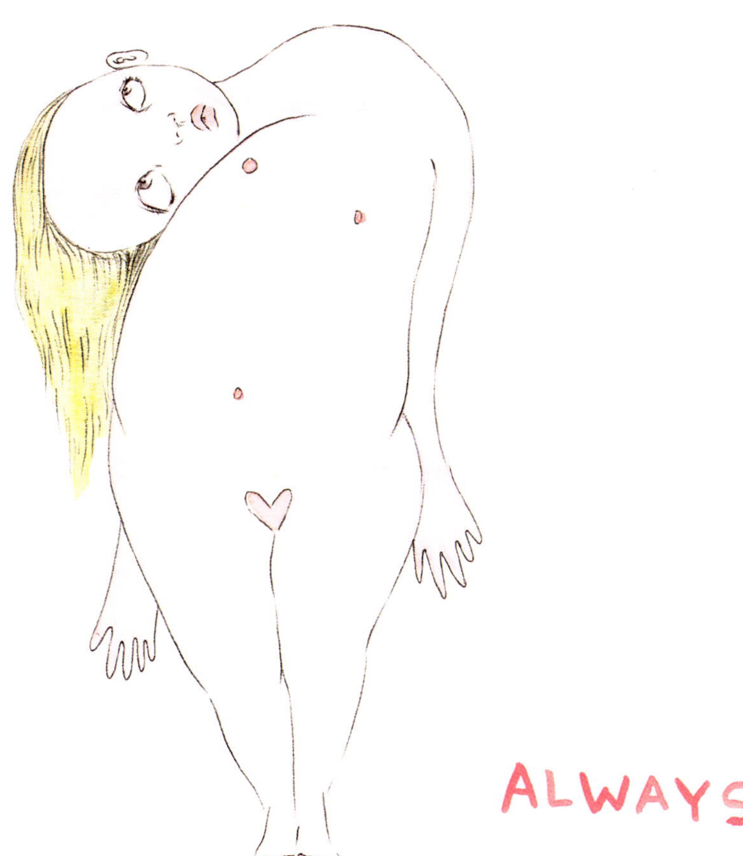

ALWAYS

VERÓNICA GRECH

www.veronicagrech.com
Instagram: @veronicagrech

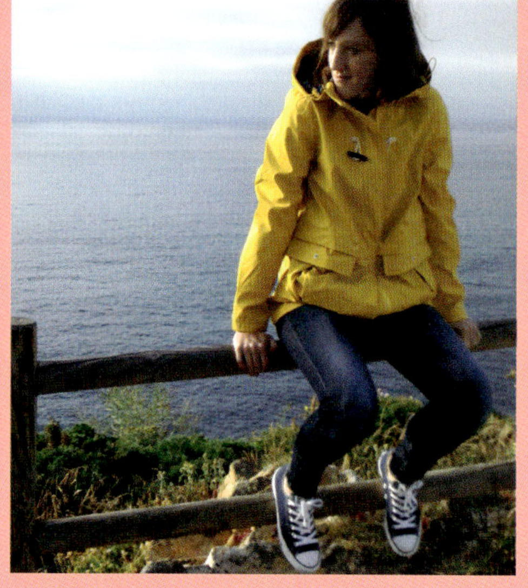

What does illustration mean to you?
To me, illustration is communication.

How would you define your style?
My style is focused on colorful forms and neatness, without leaving out details.

¿Qué es para ti la ilustración?
Para mi la ilustración es comunicación.

¿Define tu estilo?
Mi estilo se basa en el color y la pulcritud en las formas sin prescindir de detalles.

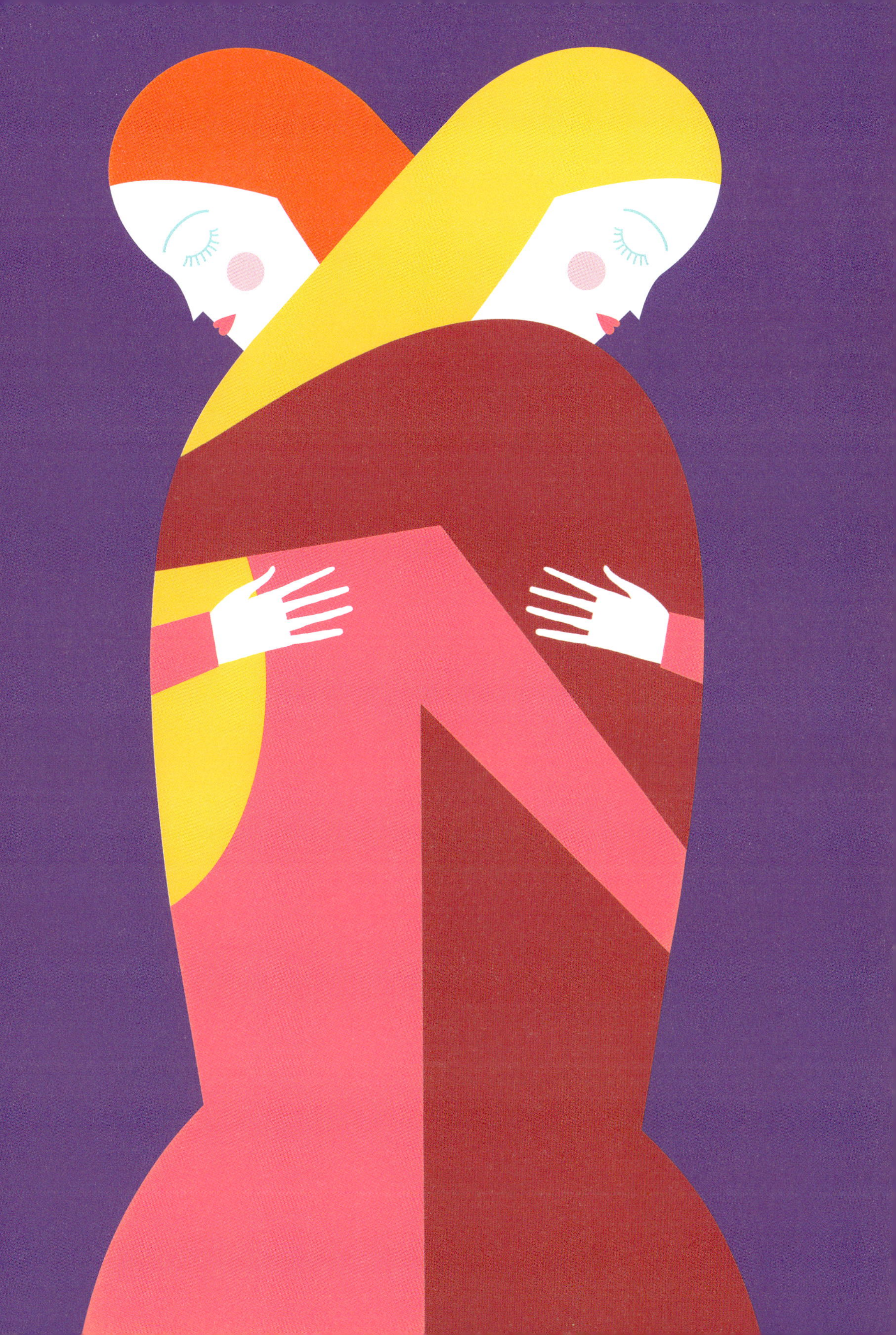

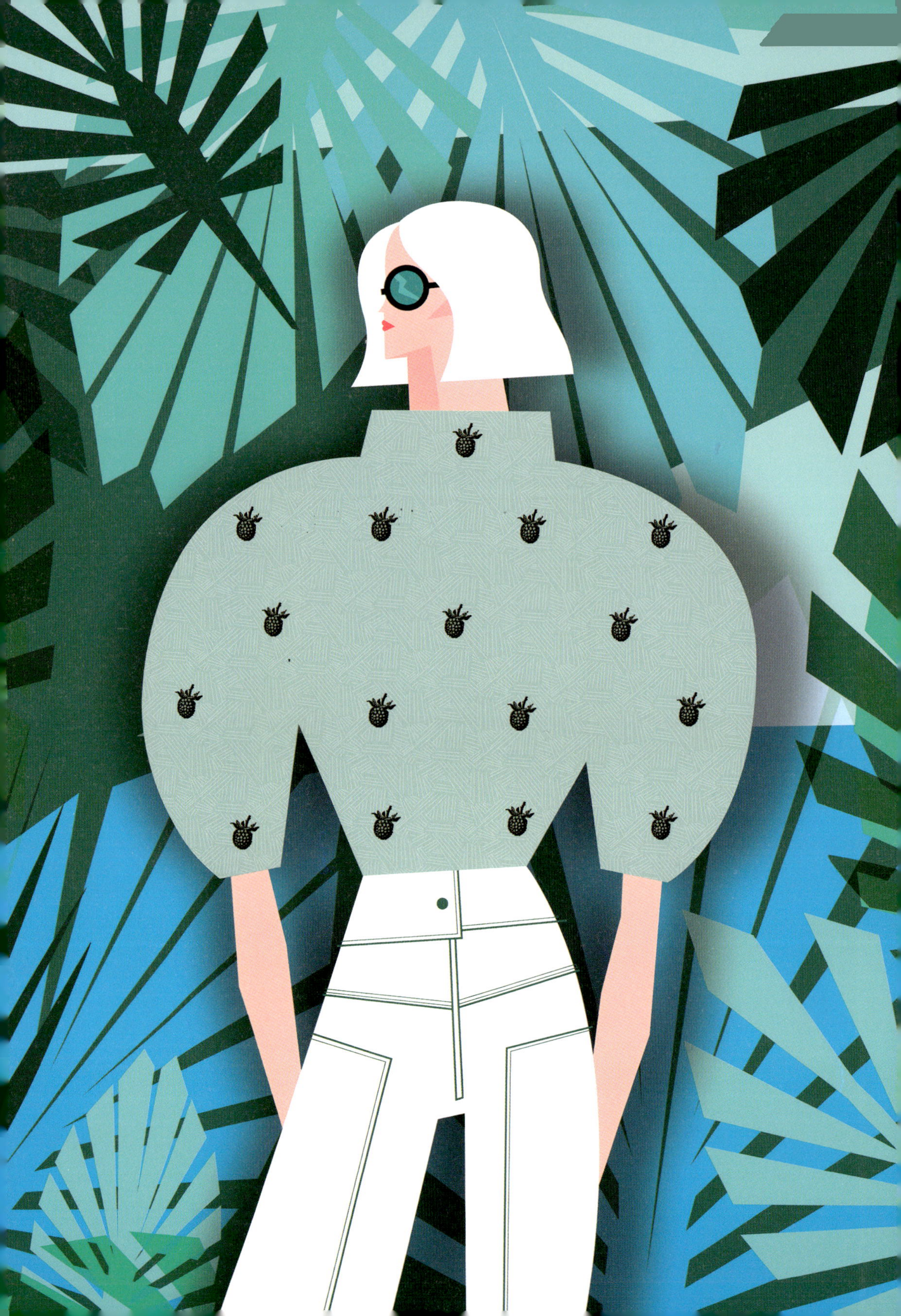

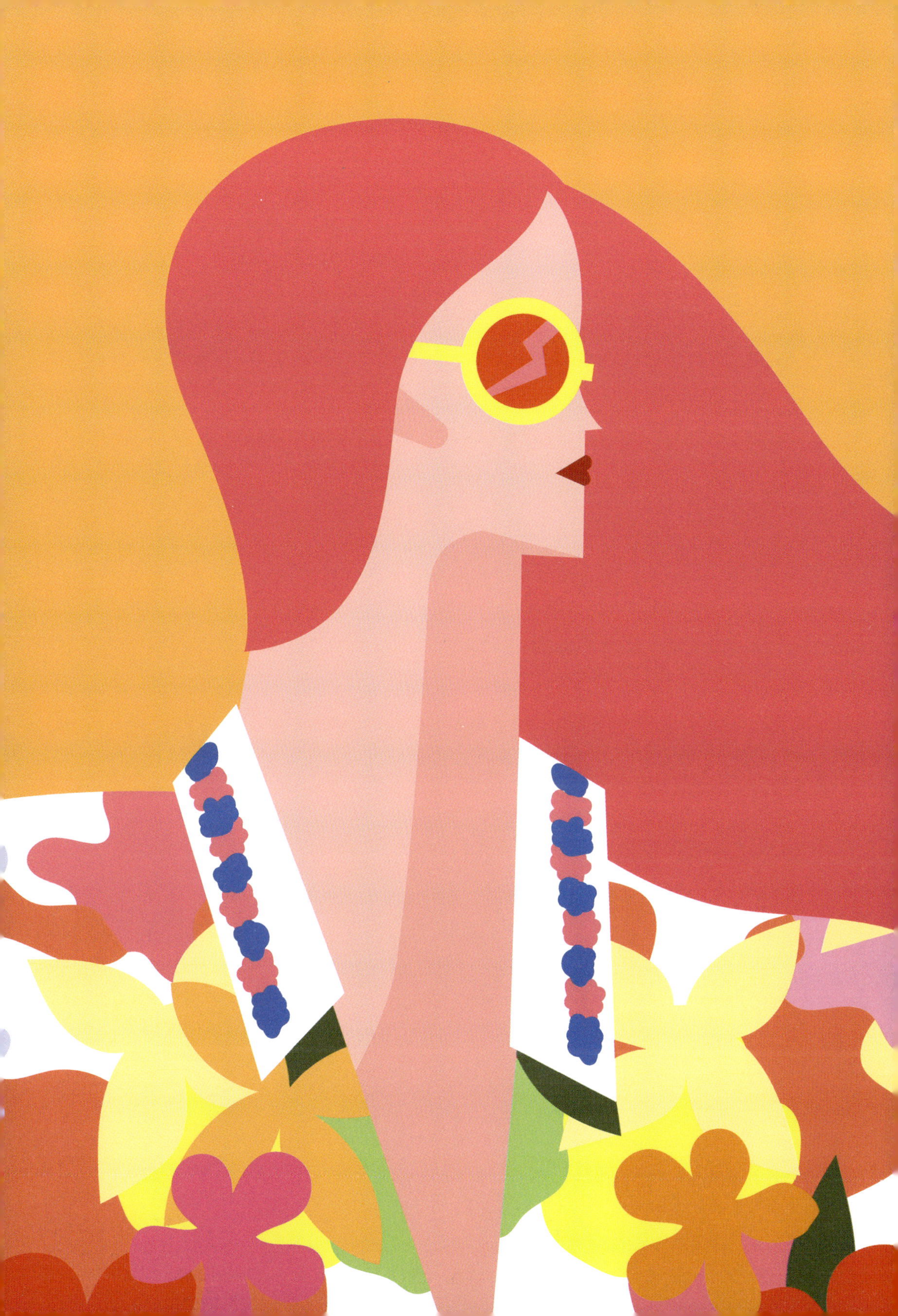

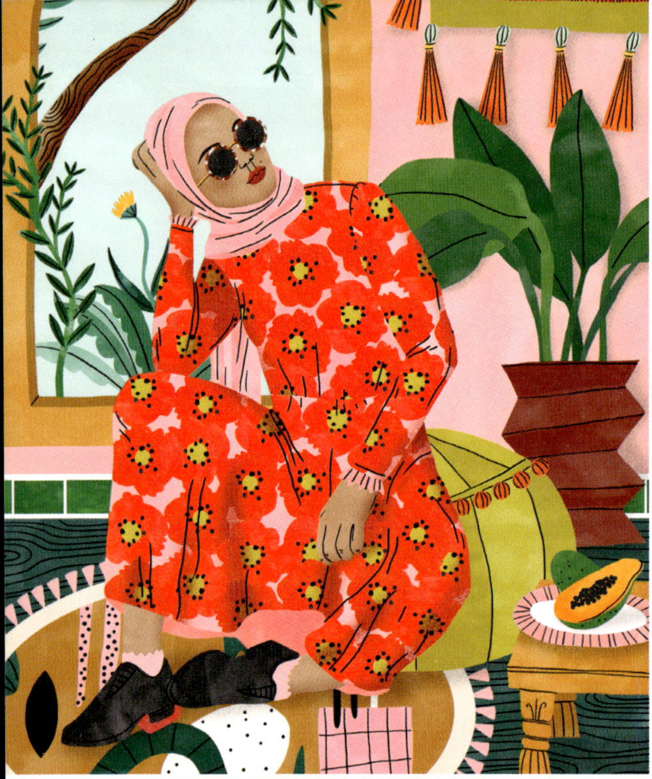

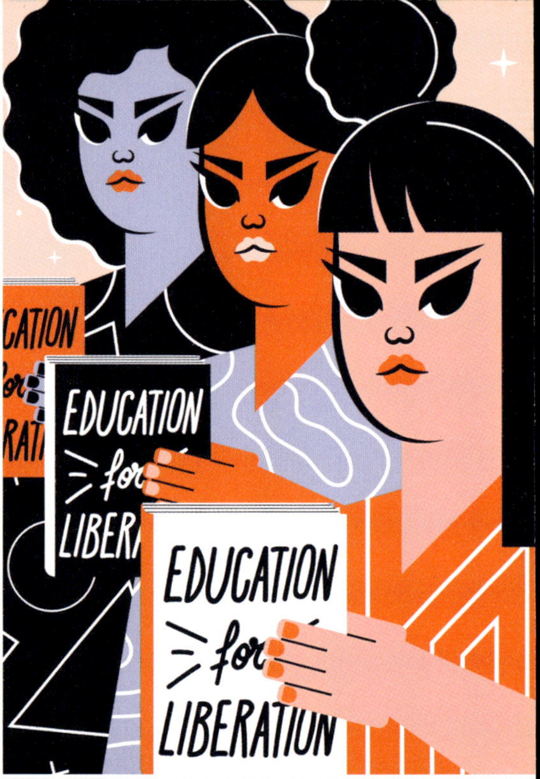

CATION
EDUCATION
for
LIBERA
EDUCATION
for
LIBERATION

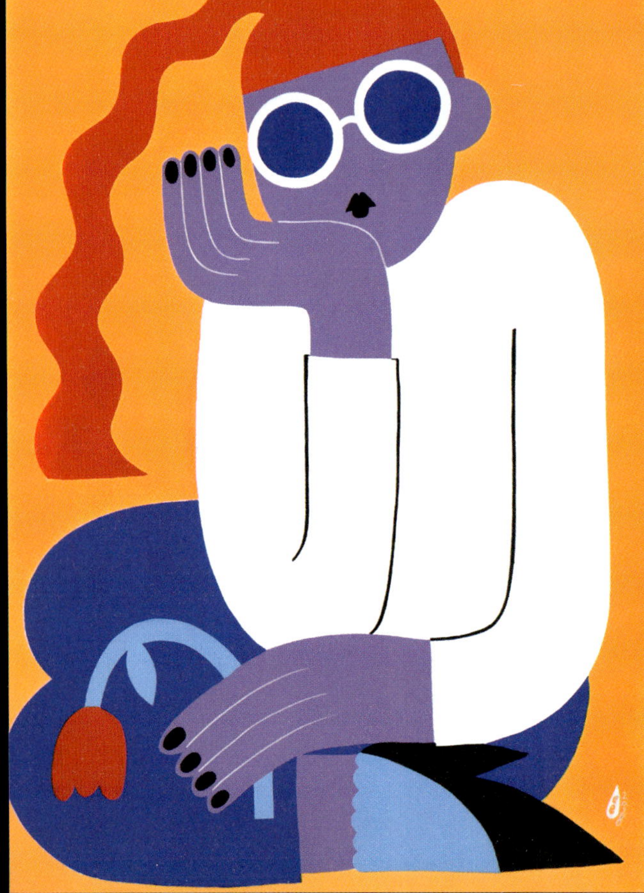

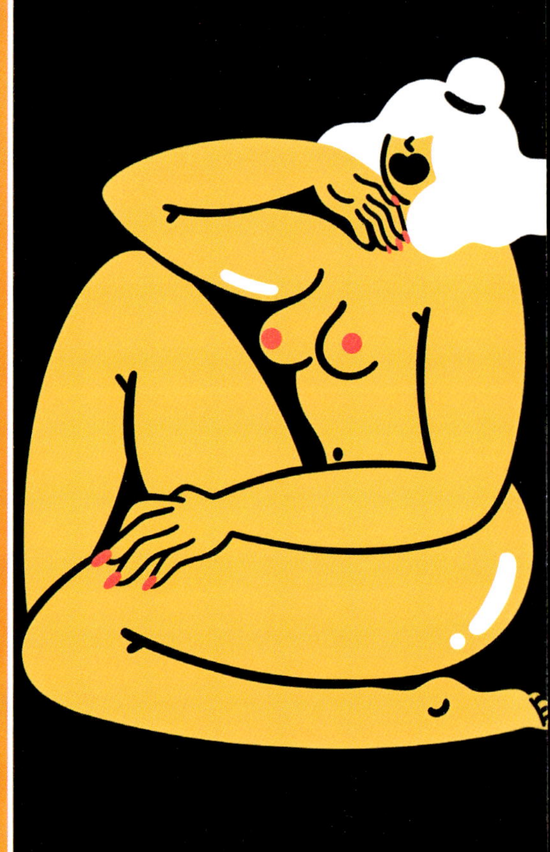